野口智雄

入門・現代流通論

Introduction to
Modern Distribution Theory

日本評論社

はしがき

■ 本書のねらい

　経済社会が自給自足状態を脱却し、生産の専門性が高まることでモノづくりの外部化が一般的になると、そこには不可避的に多様なギャップが発生した。生産者と最終消費者との間に横たわる地理、所有、時間、情報等の諸面の齟齬が経済活動参加者に意識されるようになったのである。

　そして、これらのギャップを架橋することにビジネスチャンスを抱く事業者が登場した。モノの移転課業に特化した流通業者である。

　本書は、この流通業者に焦点を当て、彼らの発生・変化のメカニズムの解明と経済社会における存在意義の明確化を目的としている。流通業者はどのような要因の連鎖によって発生し、それは変化する経済社会においてどのような機能を果たし、いかなるメカニズムのもとで変貌し、今後どのようにメタモルフォーゼを遂げるのかといった諸点に、筆者は主な関心を持っている。

　これらは、多くの先学が取り組んできた課題ではあるが、かつてドラッカーが嘆じたような「経済の暗黒大陸」でこそないものの、いまだその内実とダイナミズムに関して十分な解明と理解が得られているとはいいがたい。この種のメカニズム解明は、経済社会が不確実な環境変動（不況、イノベーション等）の影響を受け、時間とともに変化する「生き物」である以上、容易な解決を許さない永遠のテーマなのかもしれない。しかし、これらの課題の解決は、最終消費者に効果的かつ効率的なベネフィットの向上をもたらすために避けて通れないことであるともいえる。

■ 本書の構成

　それゆえ、本書では、以下のような8章構成をとり、これらの課題の解決に接近した。

　第1章では、現実の流通の飛躍的変化とは対照的に、流通に対する一般の認識は過去とさほど大きく変わってはいないという現実をふまえ、従来の流通研究に内在するモラトリアム性とその原因について検討した。そして流通の存在意義を明確化するために、それが過去から現在まで経済社会において果たし続ける重要な機能について解説した。

　第2章では、流通が発生するメカニズムに関して、その歴史を振り返ることにより明確にした。まず流通の誕生から垂直的な分化に至る、いわゆる「流通が長くなる」プロセスを筆者の「細胞分裂説」に基づいて明らかにした。だが20世紀になると、卸売流通の存在意義を問う「問屋無用論」が、なぜか先進国である欧米、そして日本で台頭した。なぜこのような議論が興ったのか、その背景を探り、そしてそれはどうして成り立たなかったのか、その原因を究明することで、経済社会における流通の立ち位置と付託された役割を浮き彫りにする。

　第3章では、卸売業者に焦点を当て、これまで流通の分野で発表されてきた、主に卸売流通の存在意義を明確化する著名な理論および実証研究を紹介、検討する。流通が発生し、卸売流通の多段階化が起こったことは紛れもない事実である。それは、歴史的事実として是認されるとしても、それが本当に経済的妥当性を有するものなのかどうかを、この章では学問的に究明する。そして、これまで大きな関心事として幾度も取り上げられてきた流通構造と小売価格との関連性、つまり卸の段階数と小売価格との関係についても論じてみたい。

第4章では、近年広範にみられるようになった直接流通に関して、その動向と背景について考察する。卸売流通は経済社会の高度化とともに、社会的分業の一翼を担う存在として登場した。だが実は、条件さえ整えれば卸売流通を排除することは可能であるし、その方が合理的な場合がある。近年の直接流通を促した要因には、①卸売業のパワー低下、②流通のグローバリゼーション、③小売業者のプライベート・ブランドの浸透などがあると思われるが、これらは主に小売業者が卸売業者の課業を奪う「川下からの浸潤」現象である。この章では、流通構造に影響を及ぼす主要な要因の解明を目的として近年、顕著に現象化してきている直接流通化の動態について明らかにする。

第5章では、最終消費者との接点にある小売業に焦点を当て、その発生と展開について考察する。「行商」から始まった小売業は、卸売業とは比較にならないほど古くから存在するが、その発生および変遷の歴史をたどると、環境要因がかなり大きなインパクトを持っていたことがわかる。たとえば、経済高度化、大都市化の流れの中で百貨店は誕生し、郵便インフラ・物流インフラ等の高度化により通信販売が生まれた。本章では、小売業の発生と変遷のプロセスを史的に跡づけることによって、小売業態進化のメカニズムを探る糸口を得ることを目的としている。

第6章は、これまで提示された小売業態の発生や展開を説く伝統的理論（仮説）について検討し、小売業態進化の理論的メカニズムを明らかにすることを目的としている。この分野の伝統的理論は比較的豊富で、「小売の輪」「アコーディオン理論」「真空地帯論」のように命名も多彩である。だが、それらの多くは、新業態の発生と展開に関して、目立った現象の単純なサイクルのみを描写したものであったり、哲学的、観念的色彩の強いものであっ

はしがき　　*iii*

た。そこでこの章では、メカニズムの一般論的解明を目的とした筆者独自の理論仮説（「螺旋型進化モデル」「新業態臨界モデル」「入れ子構造モデル」等）を提示し、その枠組みの中で関連する著名な伝統的理論について随時、紹介、検討していくことにする。

　第7章では現在、急成長を遂げるEC（Electronic Commerce：電子商取引）の成長要因と今後の小売市場の動向について考察する。全世界的な趨勢はもとより、成熟社会、人口減少社会の日本においても、この新業態は大躍進している。なぜこの業態はこれほどまでの成長を成し遂げられたのか、その要因は一体何なのか。そして無店舗小売業であるECの跋扈により伝統的な実店舗はどのような影響を受け、小売マーケットの勢力地図は今後どう変貌していくのか。本章では、これらの諸問題に対する解答を模索することにしたい。

　第8章では、流通の未来像について検討し、展望してみたい。現代流通は、ICT、IoT、AI、ロボット、高度センサー等、多様なイノベーションの開発・導入により、EC、フリーミアム、自動発注、大型自動倉庫、高速物流、ドローン配送、無人店舗、キャッシュレス店舗、無料スーパーなどを実現し、最終消費者に高度な経済性、利便性、多様性などを提供し始めている。現下、流通に関わるイノベーションは日進月歩で、現代流通はまさに大きなメタモルフォーゼのただ中にいるといえる。この章では、本書の締め括りとして、流通進化の方向を予見させるシグナルを抽出し、それを解読することで、従来とは比較にならないほど高次元のスマート化を成し遂げつつある現代流通の態様と今後の動向について明らかにしたい。

■ 本書の経緯

　さて、本書を著した動機、経緯などについて触れておきたい。筆者は流通分野に関してこれまで、小売流通、プライベート・ブランド、流通外資、価格、店舗戦略などに特化した単行本は上梓してきたが、流通全般をカバーする解説書は手がけたことがなかった。しかし、いつか流通のダイナミズムと経済社会に果たす役割（機能）に関して明確にし、未来の変化の動向を見透す羅針盤となるような書物を書きたいと常々思っていた。

　そんな折、日本評論社『経済セミナー』誌より、「流通全般」を論じる貴重な機会を得た。2018年4・5月号〜2019年2・3月号までの1年間、全6回の連載において、流通の基礎的な理論については一応網羅でき、加えて筆者なりの独自の見解も表明できたのは非常に幸運だった。またそれを単行本化していただけるという、きわめてありがたい機会もいただいた。本書は、この連載を土台にしながら、近年進行しつつある直接流通化やECの動態などに関して新章として書き加え、内容の充実を図ったつもりである。ぜひ、流通に関心を持つ多くの方々に、手に取ってもらえればと思っている。

　振り返れば、今から30数年前。筆者が曲がりなりにもプロの研究者になったとき、ある先輩から「歴史は現代を見るための鏡として活用すべきである」と教えられたことがあった。当時は、「温故知新」あるいは「賢者は歴史に学ぶ」か、と軽く聞き流していた。しかし、齢六十を過ぎてこれまでの研究活動を振り返ると、先輩の言葉の重みがようやく理解できたような気がする。

　人の営みは、その基底に「自己中心的な欲望」が内在する事実を知れば、複雑なようで意外に単純である。過去の事象や変化のパターンをきちんとトレースし、検討することで、現代をより正

はしがき　*v*

確に把握し、未来への指針を得られることがある。本書が、流通現象に関わる根本理解と広範な知識を得るための一助になればと心から念願している。

　最後に、本書の作成にあたって、『経済セミナー』連載当時から一貫してお世話になっていた同誌編集長の小西ふき子氏に、ご高配いただいた。また、書籍化の過程では、編集および助言の面で同誌編集部の尾崎大輔氏に大変お世話になった。両氏には、ここに深謝の意を表したい。

　　2019年6月

野 口　智 雄

目　次

はしがき ……… *i*

第 1 章　流通の過去と現在　　　　　　　　　　　　　　　　　*1*

1　はじめに　*1*

2　現代流通を診る鏡「経済の暗黒大陸説」
　　──流通の認識：旧来像と現代像　*2*

　　2.1 不透明性は払拭されたか（*2*）　*2.2* 不経済性は高水準か（*4*）　*2.3* 非頭脳労働者の仕事か（*5*）　*2.4* 変更可能性はあるか（*6*）

3　流通研究のモラトリアム性　*8*

　　3.1 賤商観：商業の低評価（*8*）　*3.2* 流通＝コスト説（*10*）　*3.3* 脆弱な研究体質（*12*）

4　流通とその役割　*15*

　　4.1 流通の歴史ロマン（*15*）　*4.2* 流通の機能（*16*）

5　結　語　*22*

第 2 章　流通の進化と逆説　　　　　　　　　　　　　　　　　*25*

1　はじめに　*25*

2　細胞分裂説──流通が長くなるメカニズム　*26*

　　2.1 古代の 2 つの分業（*26*）　*2.2*「商人（小売業者）」発生のメカニズム（*27*）　*2.3* 問屋の登場（*29*）　*2.4* 多段階分化（*31*）

3　流通が短くなるとする論理　*32*

　　3.1 問屋無用論（*32*）　*3.2* 浸潤現象（*34*）

4　中間業者増加の実態　*37*

5　日本における「問屋無用論」：「流通革命論」　*39*

6　なぜ間違ったのか　*41*

7　結　語　*46*

vii

第3章　流通の理論と実証　　49

1　はじめに　*49*

2　流通存在の根拠理論　*50*

  2.1 製品特性に基づく根拠理論（*50*）　*2.2 品揃え齟齬に基づく根拠理論*（*51*）　*2.3 取引総数に基づく根拠理論*（*53*）　*2.4 アウトソーシングに基づく根拠理論*（*55*）

3　実証研究　*59*

  3.1 規模の経済性説（*59*）　*3.2 ノン・スキップ説*（*61*）

4　流通の「長さ」をどう考えるか　*63*

  4.1 流通の長さの規定因（*63*）　*4.2 流通の多段階性と小売価格との関係*（*66*）　*4.3 遅行説と相異説*（*68*）

5　結　語　*71*

第4章　直接流通化の動態　　73
直接流通とプライベート・ブランド

1　はじめに　*73*

2　流通経路の短縮化の実態　*75*

3　卸売業者のパワー低下　*76*

4　流通のグローバリゼーション　*78*

  4.1 ウォルマート（*78*）　*4.2 カルフール*（*79*）　*4.3 コストコ*（*81*）　*4.4 テスコ*（*83*）　*4.5 トイザらス*（*85*）

5　外資小売対抗を鮮明にしたイオングループ　*86*

6　市場外流通の増加　*89*

7　プライベート・ブランドによる直接流通の進展　*90*

  7.1 多様な展開（*90*）　*7.2 PB の軌跡*（*92*）　*7.3 小売業者が PB に取り組む前提条件*（*95*）　*7.4 一流メーカーが PB を作る理由*（*96*）　*7.5 新次元の PB*（*98*）

8　結　語　*102*

第5章　小売業の発生と展開　　105

1　はじめに　*105*

2　生産力の高まりと小売の発生——行商と市場　*105*

3　業態店の出現——よろず屋　*107*

viii

4 近代小売業態の誕生——百貨店 *108*

5 インフラ整備による革新的小売業の台頭——通信販売 *110*

6 人口変動が生み出した魔法の手法——チェーンストア *112*

7 生みの親は大恐慌——スーパーマーケット *114*

8 タブーと規制が発展を促した革新的小型店——コンビニエンスストア *116*

9 物価高騰に敢然と挑んだ業態——ディスカウントハウス、ディスカウントストア *119*

10 郊外化で誕生した集積型小売——ショッピングセンター *121*

11 主要な環境要因の抽出 *123*

12 結 語 *125*

第6章　小売業態進化の理論　　　129

1 はじめに *129*

2 業態進化の根本問題 *130*

3 新業態発生のメカニズム *131*

3.1 環境変化がなくとも業態進化は起こる（131）　3.2 環境要因の重要性（134）　3.3 螺旋型進化モデルを考える（139）　3.4 自然選択はどこではたらくか（143）　3.5 パラダイムシフトはどのように起こるか（146）

4 周期性はあるか *148*

5 業態の「中身」はどのように進化するのか *151*

5.1 入れ子構造的進化（151）　5.2 入れ子構造モデル（154）　5.3 少選択肢から多選択肢へ（159）　5.4 単体から結合へ（162）　5.5 単純機能から革新多機能へ（166）

6 結 語 *170*

第7章　ECとオムニチャネル　　　173

1 はじめに——現代の革新：EC *173*

2 ECの競争優位性 *174*

3 実店舗の負担コスト *178*

4 ロングテールの効果性 *184*

4.1 ECの夢物語（184）　4.2 品揃えの拡大による需要増大効果はあるか（185）

目 次　ix

5 実店舗の競争優位性　*189*

6 ECと実店舗の相乗効果　*194*

   6.1 ショールーミング（*194*）　**6.2** ウェブルーミングとO2O（*195*）　**6.3** オムニチャネル（*197*）

7 結　語　*204*

第8章　流通の未来　*207*

1 はじめに　*207*

2 パーフェクト小売業の想定　*208*

3 小売業態の差別的優位性　*211*

   3.1 小売差別化度を表すレーダーチャート（*211*）　**3.2** 業態ミックスの考え方（*212*）

4 オセロ効果　*213*

5 ECの非カバー領域　*216*

6 小売業の進化シグナル　*220*

   6.1 ラショナリティ系（*220*）　**6.2** スピード系（*221*）　**6.3** ソリューション系（*222*）　**6.4** オムニ系（*224*）

7 流通システムの進化　*225*

   7.1 物流機能の進化シグナル（*226*）　**7.2** 在庫機能の進化シグナル（*228*）　**7.3** 取引機能の進化シグナル（*230*）　**7.4** 分類取揃え機能の進化シグナル（*231*）　**7.5** 情報機能の進化シグナル（*232*）

8 結　語　*233*

参考文献一覧 ……… *235*
索　引 ……… *240*

第 1 章

流通の過去と現在

1 はじめに

　現代の流通の進化には、目覚ましいものがある。ICT、IoT、AI、ロボット、センサー等、多様なイノベーションの開発・導入により、高速化、無人化、オムニ化などを実現してきている。

　ところが意外なほど、その内実についての理解は深まっていないように思われる。いまだに「長い流通をカットすれば、効率的になる」式の伝統的かつナイーブな「問屋無用論」を耳にすることがあるからだ。流通の原理・機能に関して、正確な情報提供が必要な所以がここにある。

　そこで本章ではまず、ピーター・F・ドラッカーの論文「経済の暗黒大陸」(Drucker 1962)にみる流通観を振り返ることで、流通の認識に対する旧来像と現代像の比較を行いたい。続いて従来の流通研究に焦点を当て、そのモラトリアム性とその原因について検討する。そして最後に、経済社会において果たし続ける流通の重要な機能について明確にしたいと思う。

現代流通を診る鏡「経済の暗黒大陸説」
流通の認識：旧来像と現代像

流通の不透明性やとりわけ日本の流通の複雑性を論じるとき、必ずといってよいほど引用されるのがドラッカーの「経済の暗黒大陸説」である。『フォーチュン』誌に1962年に発表されたこの小論は、意表を突いたようなネーミングのインパクトと、著名な経営学者の流通に対する分析ということで脚光を浴びた。筆者はこの論文の主な主張を4つの視点で取り上げ、過去を理解すると同時に、新旧比較を通じて、現代流通の理解への一助としたい。

2.1 不透明性は払拭されたか

「今日のわれわれは、ナポレオンと同時代の人々がアフリカ大陸の内部について知っていた程度しか、流通機構について知らない」(Drucker 1962) と、多くの論者によって引用されるこの象徴的な一文が、「暗黒大陸（Dark Continent）」の意味するところである。

未開のジャングルを走破しようとすると鬱蒼と茂る巨木に阻まれ、幹や枝、そして葉によって燦々と降り注いでいるはずの太陽が遮られ、昼でも漆黒の闇の状態にある。それが当時の視界不良の「流通」の認識だというのだ。

このドラッカーの論文発表から半世紀以上の時を経て、流通に対する認識は大いに変わった、といいたいところだが、実のところさほど大きく変わってはいないと思う。確かに、高度情報化を基盤とする EC（Electronic Commerce：電子商取引）、自動発注、輸配送の高速化・温度帯管理、倉庫の自動化、POS（Point of

Sales：販売時点情報管理)、無人店舗、オートレジ、電子決済など、近代化と合理化は逐次進められてきた。ただし、これらは多分に工業技術面でのイノベーションによる改善であって、それらをもって流通は進歩していると朧気に想像している人々も、現実の流通に関してはほとんど何も知らないのが実情である。

　実際、早稲田大学の筆者ゼミナールの学生諸氏に、好きな菓子メーカーをたずねたところ、即座にブルボン、ロッテ、カルビーなどが挙がった。それではということで、好きな菓子卸をたずね、さらにどのような流通経路を通っているのかもあわせてたずねたところ、まったく回答がなかった。流通経路内で大きな市場規模を誇る代表的事業者である卸売業者についてはほとんど知識を有していないのだ。マーケティングのゼミナールで学ぶ、優れた学生をしてこれである。

　なるほど、有名メーカーは積極的にマスメディア広告を行い、最終消費者に製品や企業名をアピールしている。ところが、卸売業者は事業者間取引にのみ専心し、この種のコミュニケーション活動を行う必要がほとんどなく、最終消費者との直接的な接点がない。最終消費者が彼らを知らなくても当たり前ということかもしれない。

　しかしながら、流通（とりわけ卸売業者）の中身や活動実態に関して、一般人がほとんど知らないという事実は、1960年代前半も、現在もあまり変わらないのだ。近代的なのか、前近代的なのか、合理的なのか、無駄があるのか、まったくブラックボックス状態にある。ドラッカーの上記の文章に続く「流通機構が存在すること、そして、それが巨大なものであることは知っている。だが、それだけである」（Drucker 1962）は、今でもほとんど変わっていないといえる。

2.2 不経済性は高水準か

ドラッカーはこの論文の書き出しで、「アメリカの消費者が、ある商品に対して1ドル支出した場合、そのうちの50セントは、その商品が生産された後で発生する活動」に費やされていると述べ、当時の流通の不経済性を暗に指摘した（Drucker 1962）。

流通コストや価格に関していうと、上記の流通の不透明性が災いし、その不経済性に関して、おかしな言説があたかも常識かのようにまかり通る場合がある。たとえば、「流通経路内に中間業者が介在すると、流通コストがかさみ、小売価格が高くなる」、あるいは1989年から90年にかけて活発に行われた日米構造協議の際にしばしば批判を受けた「流通物価責任論」[1]などがそれだ。また悪いことに、実体経済の側からも新規参入の小売業者や飲食店がそのアピールポイントとして、「ウチは、生産者から直接購入し、（卸をとばして）中抜きをしているから低価格で提供できるのです」と、いかにも直接取引で流通コストを大幅カットしているがゆえに価格を安くできるかのごとく、一般人に耳触りのよい理屈を並べる。

第3章できちんと論ずるが、この種の言説に対する客観的事実は、小生が三十数年、流通研究に携わってきた限りで確認できたことはない。単純に流通経路を「短く」しさえすれば、コスト・カットが実現し、価格が低下するなどという事実は寡聞にして知らない[2]。このことに疑問を呈する方は、流通や社会的分業を知らない方だと思う。

さて、ドラッカー論文に戻ると、彼は医療機関が購入する高額設備の「科学設備マーケットの実態は、中間業者は『寄生虫』である」といった、旧来型の非難を紹介している。もちろん、ドラッカー自身が中間業者を寄生虫と捉えているわけではない。ただ、

この種のマーケットでは当時、中間業者が単なる金食い虫の不経済要因としか考えられていなかった実態を表している。

　無論、現状の流通がすべて最適だ、などというつもりは毛頭ないが、それが即、寄生虫の駆除のように、中間業者の排除の議論へと向かってしまったなら、それは論理の飛躍、あるいは大いなる論理のすり替えでしかない。

　とはいえ、現在でも、流通への無理解のゆえに、その経済合理性に疑問を持つ人々が少なからずいることは事実である。

2.3　非頭脳労働者の仕事か

　流通に対する一般人の認識の低さによる誤解は、非頭脳労働性に関してもあてはまりそうだ。この性格は、後に述べる商業従事者への「賤商観」とも深く関わっているが、必ずしも同一ではない。ドラッカーが述べている非頭脳労働性は、文字通り、当時の流通に従事する者は知能が低いとみられていたといっているのだ。もちろん、彼がそう思っているわけではないことは付言しておく。彼は、よく管理された工場が静かで、眠気を誘うような「理想郷」であるとするなら、流通部署は人々が群がってはたらく「修羅場」であるという。

　このような環境下で、「製品の仕分け、切断、包装、レッテル貼り、保管、出荷」に従事する人々を生産関係者らは軽んじている。この後に、いまどき許されない過激表現が続くのだが、それは当時の流通従事者への認識なので、ドラッカーの記述をそのまま引用することにする。流通が軽んじられている理由は、「生産関係者、科学技師、工場長などにとって、流通は格の低い、イヤな仕事だからである。技術畑の人にとって、流通関係の仕事は大部分、馬鹿な仕事であるため、馬鹿な人に担当させる傾向があ

る」[3]とのことだ。

第三者的視点に立っているとはいえ、流通の課業や従事者を「馬鹿」呼ばわりしており、いまどきなら大問題になりそうな表現である。もちろん現在は、流通に対するこのような偏見は存在しないと思う。流通が、馬鹿がやる馬鹿な仕事のわけがない。生産と消費とのギャップを架橋するきわめて重要な課業だ。

ただし、一言だけ触れておくと、いまだに流通業に対して若干の職業格差的な意識は残存しているように思う。筆者はこれまで、600人強のゼミナール生を世に送り出してきたが、彼／彼女らの主要な就職先は、公務員、銀行、マスコミ、広告代理店、コンサルティング・ファーム、有名メーカーなどで、流通業や飲食店はほとんどいない。

唯一の例外が百貨店であったが、それも近年では少なくなった。流通業は、単純労働というイメージが今でも残っているのかもしれない。

2.4 変更可能性はあるか

ドラッカーがこの論文で主張したかった最大のポイントは、流通には無駄があり、それはやり方によってまだまだ合理化できるという点だ。彼は、論文の最初のパラグラフで流通分野を「アメリカのビジネスの中で、もっともおろそかにされながらも、将来もっとも望み多い分野である」と、その変更可能性を指摘する（Drucker 1962）。当時、彼が注目した流通の取り組み（主にチャネル政策）について、箇条書き的に紹介したい。

①ゼネラル・モータースの流通組織……同社は「特約ディーラー」制[4]をとることで、最低限の流通コストを実現した。

②ある船会社の積荷の組合せ……コストを引き下げるには、船

舶の航行時間を短縮化（スピードアップ）するよりも、運賃率の違う積荷の組合せ方を変更した方が効果的であるとした。

　③ディスカウントハウスの取扱品目の絞り込み……売れ筋の人気品目に絞り込むことで商品回転率を高め、流通コストを低減している。

　④ペーパーブックの新規チャネル……同商品は通常の書店だけでなく、新たな流通経路として学校の書店、ドラッグストア、スーパーマーケット（スーパー）を開拓した。

　それぞれに関して、簡潔に説明してみよう。①のゼネラル・モータースのケースは、同社が消費者、ディーラー、工場の内実を再検討し、ここに行き着いたそうだ。商品説明を必要とする高額な専門品を流通するために編み出された無駄を排除したチャネル手法といえる。

　②と③は、マーケティングの重要な「分類取揃え機能」を商品特性や消費者の視点から変更することで、流通コストを低減したケースであり、今日でも意義深い。

　④は、従来型の商品別縦割りチャネルを超越し、業態面で多様なチャネルを開発して成果を上げたケースで、革新的な水平志向の取り組みといえる。

　この④はチャネル創造の例だが、①から③は、無駄の排除で流通コストが引き下げられることの例証で、企業はもっと流通過程に目を向け、合理化に取り組むべきという啓蒙といえる。しかし、これらだけだと、コスト・カットや販路拡大といった全営利企業に通底するチャネル政策上の示唆にとどまってしまう。やはり、流通の本質を知らない経営学の大家なのかと邪推してしまいそうだ。

　ところが、ドラッカーは只者ではない。流通に精通した者がな

2　現代流通を診る鏡「経済の暗黒大陸説」　　7

す提案もきっちり行っている。彼は、高価な科学設備製品の流通コストが実に販売価格の80％を占めていると推定し、このような市場には「卸売業者」のような純粋な中間業者が必要であると説く。つまり、流通コストの低減のためには、卸売業者が存在しない市場に、あえて卸売業者を介在させる方が望ましいと主張しているのだ[5]（Drucker 1962）。

この種の社会的分業の要請は現代では、薄れつつあると考える方がいるかもしれない。時間の経過とともに、市場メカニズムがはたらき、適者生存の法則がはたらくからだ。しかし、現代流通が真に最適なものであるのかと問われたら、筆者は否と答えざるをえない。いみじくもドラッカーが指摘した通り、流通には無駄があり、まだまだ是正の余地があるからだ。つまり現代でも、流通の修正、補強といったマイナーチェンジから、統廃合、多角的拡大、再構築、再生と表現されるフルチェンジまで、見直しは必要であり、その意味で、ドラッカーの示唆した変更可能性は今も変わらないといえる。

3 流通研究のモラトリアム性

流通分野の研究に関して、モラトリアム性（未成熟遅滞性）を感じるのは、筆者だけだろうか。流通は、実態の認識面でも、そして研究の成果面でも取り残されているように思う。以下では、旧態依然とした流通研究のモラトリアム性の根源を探ってみたい。

3.1 賤商観：商業の低評価

いわゆる「商人」を下賤な者と考える風潮は古くから存在する。

古代ギリシャの哲学者アリストテレスは、「商人は無節度で、道徳を破壊しやすいので、理想国家における市民の特権を持つ資格を持たない」と酷評した（Vance 1970）。なんと彼は、商業を営む商人はまともな市民ではないと指弾したのだ。

　これは、当時の商人の行動に問題があったからであろう。彼らが行う商売には虚偽や誇大宣伝が多かった。たとえば、低品質の商品にべらぼうに高い価格を付けたり、実体の伴わない虚偽表現や誇張表現を多用して購買に誘引したりする場合が少なくなかった。これらの詐欺的行為に、当時の市民は食い物にされ、辟易としていたのだ。

　また本来的な意味で、商人の「商行為」と彼らの追求する「利潤」に、欺瞞性が内包されているという見方もある。生産者の場合、ビジュアリティがあり、使用価値のある有形物を産み出しているので、彼らのレゾンデートルは明白である。ところが、商人は純然たるサービス業者で、目に見える有形物を生み出すことはまずない。単に、右から仕入れた物を左に流すだけで口銭（利潤）を得ているようにみえてしまう。

　この認識は、商行為というものが一般人には有形物のようなはっきりとした「技術」や「原価」の推測がつかないことに由来する。誰にでもできるような単純なサービス労働に法外な値段を吹っかけ、なおかつ商人の貪欲さには際限がないと勘繰られていたのだ。

　このような賤商観は古代中国にも存在した。東洋思想の１つのインフラともいえる儒教では、「士農工商」の身分制を定め、商人は最下等な位置づけだった。信じられないことに、秦・漢時代（紀元前221～紀元220年）には、商人は絹布を着ることも、馬に乗ることも禁じられていたという（西嶋 1981）。

古代日本の商業は主に官吏が担っていたので、この種の賤商観はなかったが、鎌倉時代になると、ヨーロッパや中国と同様に、商業は賤業とみなされ、商人の社会的評価は低くなった。これは、上記のような商行為の虚偽性、欺瞞性、単純性などの認識とともに、行商という売買形態に起因する。

当時、商業のメイン実行者だった行商人は、一種の漂泊の民で、訪れた販売地では常に「儲け」だけを追求する「余所者」だったからだ（石井 2003）。

3.2 流通＝コスト説

商業（流通）は商品を右から左へ流すだけの単純なサービス労働と考えられていたと上述した。この思考が、「コストのかかる流通は無駄だ」という面妖かつ極端な議論へと連なっていく。「問屋無用論」「流通革命論」等がその典型だが、これらについては後の章で詳細に検討することにして、ここでは、流通の捉え方について、「コストなのか、付加価値なのか」という視点で論じてみたい。

Beckman（1958）は、製造業が「付加価値」をもって成果が測定されているのに、マーケティングはなぜ「コスト」で測定されねばならないのかについて疑問を呈した。確かに、生産物に関しては、できあがった製品の物的特性や機能、売上高や利益などがしばしば論じられるが、マーケティング（流通を含む）が産み出した付加価値、便益の程度などについての数値はほとんど目にしない。もちろん、産み出しているものが無形物（サービス）なので把握しにくいということもあるが、マーケティングはあくまで「コスト」であり、それはただ削減されるべき対象と考えられがちだった。

コスト削減に関しては上記の流通経路の短縮化の議論が愚かさの典型だが、それ以外にも不毛な俗物的批判が多数みられてきた。1つの例がマスメディア広告である。Kirzner（1973）は、広告に対する多様な批判は、1つの共通認識に立っていることを指摘し、それは「消費者が、その生産物の利用可能性を保証するのに必要な最低費用より多く支払っている」ことだとしている。ちょっとわかりにくい表現だが、その趣旨をくんで簡潔に説明すれば、市場で販売されている商品は浪費ともいえる巨額の広告費を含んだものであって、もしもこの莫大なコストをかけなければ、商品価格はもっと低く抑えられるはずであるということだ。

　この種の古典的議論はまったくもってナンセンスで、広告は商品情報の普及だけでなく、生活の潤いや提案など文化面で大いなる付加価値を生み出している。そして、広告費を含んだ価格が高くなるというのは、真逆の議論だ。通常、マスメディア広告を行うことで、行わないときよりもずっと多数の消費者にアピールすることができる。それにより、販売数量は飛躍的に高まり、規模の経済性が有効にはたらくことで、単位当たりコストが低下し、結果として販売価格は安くなるのである。

　もちろん、どんな活動にもコストはかかるが、同時に付加価値の生成もなされているので、両面をきちんと見据えたコスト・パフォーマンスで評価することが重要である。これまでマーケティング（流通を含む）が創造する付加価値に十分目が向けられていなかったことが、モラトリアム性を脱しきれずにいた1つの原因といえよう。そして、それは残念ながら今も大きくは変わっていない。

3　流通研究のモラトリアム性　*11*

3.3 脆弱な研究体質

　流通に対する一般の無理解やそれを主因とする誤解は主に、この業界固有のブラックボックス性に基づくものである。だが、いま1つの理由として、その内実についての情報提供が不十分であることも挙げられよう。

　情報不足の責任の一端を負うのが、研究蓄積の浅薄さと得られた知見の広報の脆弱さである。流通研究者の相対的な能力不足、努力不足を一応棚上げすると、流通に関わる研究上の遅滞の一因は、この分野に対する米国研究者の取り組みの相違と欠如に求められる。彼らは、主にミクロのチャネル論として、個別企業の戦略的な視点から流通経路を分析し、提言をなしてきた。しかしながら、日本ではチャネル論こそ米国と同様にマーケティング分野で研究されるものの、いわゆる「流通論」は国民経済的な視点からマクロ・ベースで分析がなされてきている。

　田村（1986）によれば、米国では「マーケティングという概念をたんにミクロ的に企業活動をさすのに使うだけでなく、社会的な流通過程や流通システム全体をさすのにも用いる」として、マクロ的な視点も包含するとしている。

　その通りであろう。ただ、筆者は米国の区別は非常に緩く、完全に独立したマクロ研究分野としてのアイデンティティを有する日本の「流通論」とは、一線を画しているように思う。科学研究大国、米国で日本流の「流通論」研究が乏しいとなると、有為な成果が出にくくなるのは致し方ないことといえる。

　それでは米国などに依存せず、日本が独自に有為な研究を陸続と発表していけばよいではないかとのお叱りを受けそうだ。その通りであるが、筆者がこれまで日本における流通研究を観察してきた限りでは、そのアプローチ法に若干問題があるように考えて

いる。

　伝統的に、流通論のアプローチ法には、①商品別、②機関別、③機能別の３種類がある。

　①の商品別アプローチとは、商品は物理・化学的な性質に多様性があり（たとえば、米穀、自動車）、それの違いに基づいて流通経路や取引方法が大きく異なるので、商品ごとに流通を分析すべしとする立場だ。

　②の機関別アプローチとは、流通を担う事業者（たとえば、総合商社、スーパー）に焦点を当て、彼らの歴史、現状、役割、将来像などを明らかにしようとする立場だ。

　③の機能別アプローチとは、文字通り流通の機能（たとえば、物的流通機能、分類取揃え機能等）に着目し、あまたの商品や流通機関に通底する流通のはたらきを解き明かそうという立場である。

　いずれのアプローチ法もそれぞれ特徴的であり、重要性を有している、といった並列的な総花論を展開するつもりは毛頭ない。図１-１をみていただきたい。①や②のアプローチをとると、「線分」しか明らかにできない。焦点をあてる商品、あるいは流通業者を限定すれば明らかになるのは「点」でしかないのだ。これに対して、③のアプローチは面の部分を明らかにできる。そして研究対象の機能を増やせば、立体になる。つまり、一般理論を指向するには、③の機能別アプローチをとるしかないのだ。①や②では、どんなに詳細な分析を行っても、個別の知見の深化や増加があるだけで、一般論としての法則性の導出という意味での科学にはならないのである。

　日本の学会の研究では一応、この３種のアプローチ法のすべてがみられる。だが、①と②の研究が相対的に多く、業界事情を明確にするケーススタディ的なものが多い。筆者も若い頃からたく

3　流通研究のモラトリアム性　　*13*

図1-1 流通研究のアプローチ法

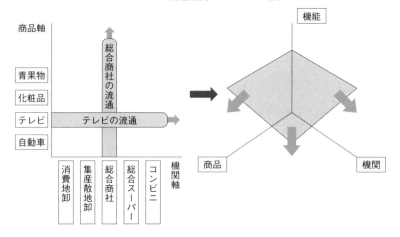

さんのケーススタディを行ってきた。なんといっても忘れられないのは、まだ学者見習い中の大学院生時代に取り組んだ、通産省の「自動車再生部品の流通構造調査」である。使用済みのラジエターやブレーキシューなどの流通経路や価格設定法など未知の世界を聞き及び、大変興味深かった思い出がある。しかし同時に、この種の商品別アプローチ法を進めれば進めるほど、流通の全体像やその動態的な傾向を説明する一般論からは乖離してしまうことを痛感した。

科学としての流通論を志向するには、「役所の報告書に毛の生えた」程度の研究から脱却し、機能的アプローチを基盤に、要因の析出、要因間の関連を描写した仮説の定立、モデルビルディング、そして多変量解析による実証が不可欠である。

多くの英知がこの方向を指向すれば、モラトリアムからの脱出も可能になるだろう。

4 流通とその役割

4.1 流通の歴史ロマン

　流通とは、いかなるものであるのかを考えるとき、思わずその根源にある過去の事象に想いを馳せてしまう。

　紀元前3世紀半ばには、ギリシャの特権階級の人々の食卓に「クルミ」が乗っていたそうだ（Chamoux 1981）。ナイル川中流で発見されたパピルス紙に記された文書に、彼らのクルミ支出の記録が残っているという。そして驚きなのは、そのクルミの産地がポントスであるという事実だ。ポントスは、現在のトルコ領で黒海南岸に位置する。かなりアバウトな数値で申し訳ないが、かつてのポントス王国のトレビゾンドからアテネまでは、直線距離で約1700 km もある。山河に隔てられた地域を進む商人たちの実際の移動距離は、優に倍はあったろう。

　当時の富裕なギリシャ人にとっては物珍しく、美味であったクルミとはいえ、せいぜいおやつか食材の一部でしかないものをこんなにも遠方から仕入れていたとは。逆に、クルミという食材に商機を見出し、人々の欲求を喚起して購買へ誘おうと、それを遙か彼方にまで運搬した商人の熱意や行動力に深い感銘を受ける。

　さて、この昔話で大きな役割を果たしているのは、言うまでもなく「流通」である。都市部以外には満足な道路すらなく、運搬手段も稚拙だった紀元前3世紀のヘレニズム時代に、山脈や海洋を越えてクルミを運搬したのは流通業者（商人）である。彼らは、生産地点と消費地点との間に存在する長大な地理的ギャップを埋め、物的流通機能を果たしたのだ。

図1-2　流通の役割：ギャップの架橋

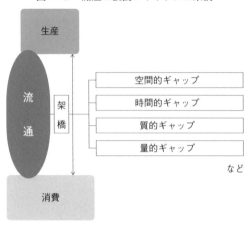

　また、多様な物品が存在する中、クルミを選別して、販売に供した。これは潜在顧客のニーズを見通して、品揃えを行ったのであり、分類取揃え機能を果たしている。

　さらに、実際に売買を成立させ、所有権を移転させたのは取引流通機能であり、その機能を円滑に進めるために物品の希少性や美味しさをアピールしていたとするなら、それは情報機能である。

　以上で明白だろう。流通とは図1-2に示すように、生産地点と消費地点との間に存在する多様な空間的、時間的、質的、量的なギャップを架橋する不可欠の活動なのだ。

4.2　流通の機能

　これら以外にも、前述の昔話では、表出されなかった流通機能もある。そこで、筆者なりの視点で網羅的な整理を行いたい。これまで、流通研究の分野では、流通機能に関してはさまざまな分類が提示されてきた。それはかなりディテールにこだわったもの

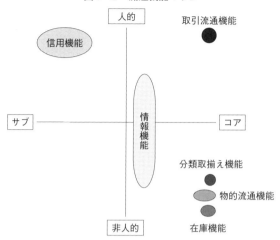

図1-3　流通機能マップ

からきわめてシンプルなものまで多様である。しかしそれらは総じて、無機質的な「はたらき」に関するものを機械的に叙述したもので、流通機能が内包する人的な性格づけが希薄であった。

そこで、筆者は、流通の機能を図1-3のようにコア性の軸（コア-サブ）と人間性の軸（人的-非人的）という2軸のマップ上に布置し、それぞれのはたらきの性格づけを行いたい。コア性の軸とは、どれだけ流通に特殊化したものであるか、その固有性の度合いを表す。そして、人間性の軸とは、対象顧客への接近性の程度、換言すれば買手に人的対応をするフロントエンドのはたらきなのか、買手からはみえないバックエンドのはたらきなのか、その程度を表している。それぞれの特徴を解説しよう。

(1) 取引流通機能

取引流通機能とは所有権を移転させる機能であり、流通機能のうち最もコア性（中核性）の高い機能である。

実際の交換（売買取引）を成立させるには、価格水準（交換条

件）、支払い方法、納品方法等について交渉がなされる必要がある。流通業者により、この種の交渉過程がスムーズになされ、交換を促すはたらきが取引流通機能である。それゆえ、顧客に対する人的接近や人的応対が高度なレベルで必要な機能といえる。

(2) 物的流通機能

ポントスで生産されたクルミがギリシャ人の食卓にのぼる話にあったように、生産地点と消費地点との間には、地理的なギャップがある。これを埋めるはたらきが物的流通機能である。農産物は農地で、工業製品は集約された工場で作られており、分散的に点在する消費者は不可避的に地理的ギャップの問題に遭遇する。この距離を縮め、なくしてくれるのが流通業者のはたらきであり、コア性の高い機能といえる。

その担い手にはまず、運送業者や宅配業者を思い浮かべるだろう。彼らは、指示された通り、A地点からB地点まで製品を無機質的に配送する事業者である。その意味で、非人間性の高い機能といえよう。

ただし、実際の流通経路では、業界間での相違があるとはいえ、卸売業者がこの機能を担っている場合が多い。食品問屋、酒類問屋といった形で製品別の業界の事情に精通し、ユーザーの要望に応じてクイック・レスポンスをする。それゆえ、彼らは、無機質的なサードパーティ・ロジスティクス（物流専業者）とは比較にならない人間的な潤いを提供してくれる。

(3) 在庫機能

クルミの話では明示的に出てこなかったが、きわめてコアの流通の機能がこれである。サービス製品と異なり、物財の場合、生産の時期と消費の時期が絶対に異なる。生産は必ず消費に先行する。

つまり、ここに存在する時間的ギャップが、保管を必須とし、結果として製品の品質管理や在庫スペースの確保を流通業者に要請する。

わかりやすい例が、マグロだろう。日本人が全世界の消費量の約4分の1を占めるこの人気商材は、大部分冷凍で保管されている。マグロはマイナス50度から60度の超低温貯蔵をすれば約1年間保つそうだ。もちろん、味覚、鮮度を重視する日本の消費者がたとえ冷凍とはいえ、そんな長期間保管されていたものを好まないのはわかるが、家での解凍に苦労したり、回転寿司店でガリッと嫌な氷の感覚を経験したりした人ならこの実態が理解できるだろう。マグロの場合、流通業者が多額の設備投資をして冷凍倉庫を保ち、鮮度管理をしているがゆえに、最終消費者は1年365日スーパーへ行けば必ず入手できるのである。

流通業者は常に「在庫」という地味で消費者と人的接触のないバックエンドの役務を担うことで、生産と消費との不確実な需給変動リスクを吸収しているのである。

⑷　分類取揃え機能

生産者と消費者を個別の視点で眺めると、そこには希望する品種と取引量に関して、真逆ともいえるギャップの存在することがわかる。生産者は、自己の技術的専門性を生かして限定された品種を大量に生産している。それにより高効率性が実現でき、低コストを、そして高収益を達成できる可能性がある。

しかしながら、最終消費者は、自己の満足いく消費生活を実現するために、限られた品種の大量購買を行うことはほとんどない。せいぜい鉛筆1ダース（12本）、ティッシュ5箱、トイレットペーパー12ロール、缶ビール24本などが同一商品の「大量一括購買」の典型例だろう[6]。書籍にしても、腕時計にしても、スマー

4　流通とその役割　*19*

トフォン（スマホ）にしても、まったく同一の製品を大量に購買する個人はいない。

　ここには生産者の「少品種大量販売」のニーズと、最終消費者の「多品種少量購買」のニーズとのギャップがある。このような品種面と取引数量面の乖離を埋めてくれるのが流通業者の分類取揃え機能である。筆者の好きなマーケティング研究者のAlderson (1957) は、事業者が行う最終消費者へ向けた製品の質的および量的マッチング行動を「分類取揃え（sorting）」と呼んだ。この機能はまさに流通業のアイデンティティを表すコア中のコアの機能といってよいだろう。だが、直接的に人的接触に関わる機能とはいえない。

(5)　情報機能

　売手と買手との間には、情報の非対称性がある。とりわけ製品を開発している生産者と単に購買するだけの最終消費者との間の認知ギャップは非常に大きい。このギャップを架橋し、交換（売買取引）を円滑に成立させるためには、2つのはたらきが重要になる。市場把握と情報提供だ。筆者は、これらのはたらきを一括して情報機能と呼んでいる。「どこに、どんな売手、および買手がいるのか」を的確に把握するマーケティング・リサーチがここでいう市場把握である[7]。

　そして、買手に製品の中味や取り扱い方法等を説明し、購買へと誘引するはたらきが情報提供である。いずれもコア性の高い機能だが、市場把握は非人的な活動で、情報提供は人的接触を色濃く伴うものである。たとえば、現実の交渉の際に売手は、買手に直接対面し、製品の推奨や客に対するおだて等がなされる場合も少なくない。このようなケースでは、流通業者の人間性が大いに関わってくる。

⑹　信用機能

　信用機能は、いわゆる危険負担機能や金融機能を意味し、流通に固有の機能とはいえない。そうであるがゆえに、先学はこれらを補助機能、あるいは助成的機能というサブ的な範疇に入れてきた。確かに、前者は主に保険会社が、後者は主に銀行が専業者として担っている。ところが、研究的な意味でここに1つの興味深い事実がある。

　マーケティングの父と称される Shaw（1915）は、自身が挙げた中間商人の5つの機能のうち、第1番目に取り上げたのが、「危険負担」であり、第3番目に取り上げたのが「金融」であった[8]。彼は、「各中間商人は自己が所有権を獲得した商品の破損の危険を負担する。各中間商人は、信用上の損失の危険を負担する」と、危険負担機能について述べ、「各中間商人は、全活動の金融業務を行う」として、金融機能について説明している。おそらくこの事実は、現代と比較すると、20世紀初頭の保険会社や銀行は相対的に未成熟で、商人資本に依存する場面が少なくなかったからだろうと推察される。

　現代に生きる筆者としては、信用機能はやはりサブ的な機能と考えざるをえない。しかし、話を日本に限定するなら、中間業者の危険負担機能は比較的重要な機能といえる。たとえば、日本には、事業者間で「返品制」という全世界的に稀な商慣行がある。輸送途上の汚損・破損、配送数量の間違い、納期の著しい遅延といった「理由のある返品」はほぼどこの国でも認められている。だが、日本の場合、この種の正当な理由がなくとも、ただ「売れ残ったから」というジョークのような理由で返品できる場合が少なくない。本来、発注責任のある買手が負担しなければならないデッドストックのリスクを売手に転嫁しているのである。

4　流通とその役割　　*21*

この場合の売手は卸売業者であることが多いが、彼らは買手にとって安心感を供与してくれる保険会社的なバッファーとして重要な危険負担機能を果たしているのだ。

5　結　語

　市場という舞台で派手に活躍する生産者がスターとするなら、流通業者は裏方である。とりわけ卸売業者は黒子というよりも大道具といってよい。舞台づくりに不可欠な存在であるものの、舞台上に乗ることはなく、誰がどのように取り組んでいるのか、ほとんど光があたらず、いまだに実態がよくわからない。

　それに起因する認識不足が、たとえば流通業者は無駄な存在であるとか、商売人は暴利を貪っているとかいった邪推を生んでいる。これは上記の通り、流通業者の立ち位置の問題もあるが、やはり流通研究蓄積の乏しさと、研究者らによる広報活動の脆弱さも影響していると思われる。

　次章以降で、流通分野の実態や法則に関する重い扉を開き、わずかでも光を導ければと考えている。

■ 注
1）多段階の卸、過小過多の小売、流通系列化、日本的商慣行など、日本の流通が内包する非効率性が日本の物価を上昇させているという議論。
2）原則的に、流通の長さは流通コストに対して価値中立的である。ただ特殊な条件を満たせられれば話は別である。たとえば、クリティカル・マス（最低必要取引量）が卸売業者並に高まれば直接流通は可能であり、仕入価格は安くなる。だが、一般的に小売業者や最

22　第1章　流通の過去と現在

終消費者が卸売業者並みに大量仕入れをすることは不可能である。

3）この訳語は、田島義博訳（1962年）に依拠している。

4）メーカーと、代理店契約ではなく特約店契約を結んだ流通システム。

5）合理化の果実は、部分的なコスト・カットだけでは得られない。生産と消費とのギャップを埋めるため、そしてトータルの流通コストを低減へと導くためには、有効な機能を果たすプロの流通専業者を適材適所に介在させることこそ望ましい、と彼は指摘しているのである。

6）ただし、これらは日常的に購買される消耗品であり、かつ生産者により製品の「一括包装」がなされている場合が多いからである。

7）無論、生産者もマーケティング・リサーチや二次データの分析などにより、買手のニーズを捕捉することができるが、それは「大づかみ」のレベルである。「どこの、誰が買うのか」といった個別具体的なレベルでは把握できないことが多い。ところが流通業者は、たとえば小売業者の場合、実際に購買可能性の高い潜在顧客が交換の現場である店舗におもむいてくれるため、その人物の意向や行動を店内で直接把握できる場合がある。

8）それ以外の機能は商品の「運送」「販売」「集荷・分類・再発送」である。

第2章

流通の進化と逆説

1 はじめに

　流通は、完全な自給自足型社会では不要の存在だった。生産も消費も自己完結していたからである。ところが、生産性の向上による余剰生産物の発生や、地理的特性面および技量面の偏在などが意識されるようになると、物々交換が重要な取引方法として台頭する。さらに、相対でなされてきた交換を、リスクをとって媒介する者が現れた。

　原初的形態の流通業者（商人）である。彼らは、取引範囲の拡大や物流技術の進歩、そして交換インフラの確立（通貨、度量衡）等により、水平的および垂直的な機能分化をみる。それはあたかも生体の成長とともに細胞分裂するかのような動態だ。

　本章では、まず流通が分化する史的プロセスに関して日本を例にとって明らかにしたい。それは、日本の流通が先進国では稀にみる多段階の卸売構造（長い流通）をとっているからであり、流通の形成、分化のメカニズムを知るうえで格好の素材といえるか

らだ。

　ところで、20世紀に入ると、実際に長くなった流通——それは社会的分業の重要な一翼を担う存在と認知されたと思われた流通——に対して、「無駄であるから排除せよ」といった実態を否定する逆説が欧米で展開されるようになる。いわゆる「問屋無用論」である。歴史の妙で、それと類似の議論が約50年の時を経て日本でも展開されるところとなった。「流通革命論」である。これらの議論は当初、大衆受けする中身から脚光を浴びたが、最終的には残念な結末を迎えることになった。

　本章では、まず流通の誕生から垂直的に分化するまでに至る、いわゆる「流通が長くなる」メカニズムを筆者の「細胞分裂説」に基づいて明らかにしてみたい。続いて、卸売流通の存在意義を問う「問屋無用論」がなぜ台頭したのか、その背景を探り、なぜ成り立たなかったのか、その原因を究明することで、経済社会における流通の立ち位置と付託された役割を浮き彫りにしてみたい。

2　細胞分裂説
流通が長くなるメカニズム

2.1　古代の 2 つの分業

　佐藤（2013）によれば、今を遡る約 4 万年前には、日本列島においても人類文化がみられたという。後期旧石器時代にあたるこの当時は、狩猟・採集が生業の中心であり、原始的な自給自足がなされていて、流通どころか生産すら外部化されていなかった。

　時代が下り、縄文時代になると、「自然制約的分業」と「特化生産的分業」がみられ、交換と流通の誕生の契機になったといわれている（美馬 2003）。ここで、自然制約的分業とは、気候や土

地の条件の違いにより多く生産される地域やモノが発生することによる役割分化である。ちょっと表現がわかりにくいので、以下では「地理的分業」という用語を使う。また、特化生産的分業とは、個人レベルの属性（性別、年齢）や技術の違いに基づく役割分化である。これはさらにわかりにくいので、以下では「技量的分業」とする。

紀元前3〜2世紀（弥生時代）に導入された稲作や手工業品の生産により、古代の人々の生活は「狩猟・採集の時代」から「生産・消費の時代」へと転換した。この時代においては、恒常的に余剰生産物を発生させ、交換を促進したと推察できる。

つまり、稲作や手工業品の生産イノベーションが動因となって、やがて上記の2つの分業が生起し、図2-1に示すように、自給自足の「生産・消費一体者」から「生産者」と「消費者」の細胞分裂（「生産分裂」）がもたらされたのである。

永原（1980）によれば、弥生時代中期には、福岡県で太型蛤刃石斧が集中生産され、それが大分、佐賀、熊本といった広域に供給されていたという。このことはつまり、この時代からすでに「生産・小売一体者」による「行商」的活動がみられたということを意味し、部分的な「小売分裂」が起こっていたと考えられる。

そして時代は下り、藤原京時代になると、物品交換の場としての「市（市庭）」が発生し、やがて独立した商人が登場してくる。

2.2 「商人（小売業者）」発生のメカニズム

藤原京時代（694〜710年）にはすでに官市である東西市がたっていた（石井 2003）。そして、平安京時代（794〜1185年）になると、東市に51、西市に33もの「肆[1]」がたち、繊維、筆、墨、太刀、矢、米、塩、生魚など多様な物品が販売されていた。山中

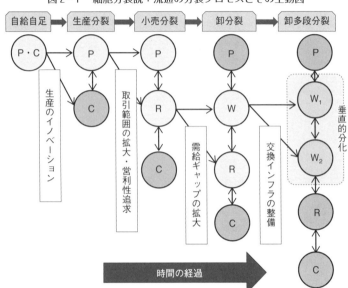

図2-1　細胞分裂説：流通の分裂プロセスとその主動因

注）P：生産者、C：消費者、R：小売業者、W：卸売業者。

(2005) は、繊維関連の肆が東市で12、西市で15もあって、これらは「繊維街」という形で一箇所にまとめられていたと推定する。つまり、この時代にすでに、今日の小売店舗（テナント）およびショッピングモールのゾーン構成の原初的形態がみられたのである。

　市庭の肆での売買は、主に官吏（役人）によって担われていたが、「市人（いちびと）」と呼ばれる富裕な商人も混じっていた（石井 2003）。これは、初期的な商業資本の分化（「小売分裂」）であり、彼らは今でいう「小売業者」の先達といえる。

　上述の通り、原始の交換は、「地理的分業」と「技量的分業」により主になされた。ここでの交換は、当事者が心理的に納得す

る等価交換が主で、営利追求的な意図はさほど強くなかったと考えられる。ところが、9世紀頃から民間の商人が活発な活動を始める（田名網 1992）。筆者はこの時期から「交換促進的分業」がなされたと捉えている。

原始の交換の中身は基本的に、自分が求める「必要物（他人にとっての不要物）」と他人が求める「必要物（自分にとっての不要物）」との取り替えであった。しかし、この取り替え行為が普及し、その便益が一般に認知されるようになると、自分にとっては不要な物をあえてリスクをとって仕入れる者が出てくるようになる。それは、自分にとっては不要物でも、交換の地理的範囲を拡大することで、どこかには必要物と考える誰かがいて、有利な条件で交換を行ってくれる可能性が生まれるからだ。

この有利な条件が、事実上の「利潤」であり、それを求めて売手や買手の探索を行い、有利な交換ができるような物品を品揃えし、さらにセールストークをきかせて、円滑な交換を促進する「商人」が登場する。

再び図2-1をご覧いただきたい。もともと交換は二者間で行われていた。だが、取引範囲が拡大し、利潤の獲得を目論めるようになると、「交換促進的分業」が積極化するようになる。この「営利性の追求」を動因とする細胞分裂（「小売分裂」）によって、専業の「商人（小売業者）」が誕生していったのである[2]。

2.3 問屋の登場

経済社会が高度化すると需給ギャップが広がり、さらなる細胞分裂が進行して、商人間の機能分化が起こってくる。田名網（1992）によれば、天平10年（738年）の「駿河国正税帳」には、すでに職業的運送業者の出現の記録がある。水上を渡す舟運業者

のほか、「賃車の徒」という車を使った物流業者も登場する。11世紀には「馬借」という陸送専業の職能民が出現しているが（網野 1992）、それの先駆けである。つまり、8世紀には萌芽的な「卸分裂」がみられ、流通の重要機能である物的流通機能に特化した分業がなされていたのだ。今でいうところの「商物分離」[3]の先駆けといえる。

　ところで、主要な流通業者として、卸売業者と小売業者が同時に挙がるが、歴史を紐解くと、上記のように、小売業者が一足早く登場した。流通論の分野では、最終消費者（自己の消費・利用のためにモノを手に入れたい人）に直接商品を販売する人を「小売業者」と定義しているから当然のことといえる。

　「卸売業者」は上記の通り、8世紀に登場したが、初期は単なる運送業者だった。それが、次第に保管、販売、換金などを行う仲継ぎ商人化していった（永原 1980）。「問」あるいは「問丸」と呼ばれる今日の「問屋」の原初形態が現れたのは、12世紀といわれている（石井 2003）。しかし、なんといっても彼らが大事業者として隆盛をきわめたのは、江戸時代になってからである。この時代には、構造的にも、機能的にも多様な細胞分裂がみられた。

　その背景にある要因は、全国レベルの交換インフラの整備であった。繰り返す通り、舟運は8世紀にはみられたが、日本全国を視野に入れた活発な商船の活用は17世紀に入ってからである。伊勢の商人、河村瑞賢が、寛文年間（1661〜1673年）に東回りと西回りの航路を発見してからのことだ。

　内陸交通面でも五街道の整備や宿場の設置などの充実はあり、そのインフラ整備の意義は少なくないものの、山岳や渓谷のような抵抗物のない海洋上で菱垣廻船や樽廻船を利用して米や酒等の高重量物品をスピーディーに配送できるようになった海運進歩の

意義は大きい[4]。

　しかし、卸売業者の性格面に大きな影響を及ぼしたのは、貨幣の統一であろう。7世紀後半以前の交換では主に、米、布、家畜などが物品貨幣として使用され、それ以後は富本銭や和同開珎に代表される金属貨幣が使われたが、全国ベースで共通利用を可能にした貨幣は17世紀初頭に登場した寛永通宝銭（1636年）である。それ以前に金貨や銀貨は発行されていたが、大判のような贈答用の奢侈品ではなく、全国の庶民が日常的に使用できる、いわゆる「通貨」はこれが最初といえる。この時期には、交換原器である度量衡も、「金一両＝銀五十匁＝銭四貫文」といったように標準化され、全国的な交換経済のインフラが整備されることで、交易の地理的範囲は飛躍的に拡大した。

　取引エリアが広がれば、「地理的分業」と「技量的分業」がより鮮明に意識され、とりわけ後者が強化されてくる。各地方の得手、不得手が全国ベースで明らかになり、需給や競争の土俵が拡大するからだ。このような市場機会と競争圧力に直面した事業者は、営利とサバイバルをかけ、得手のコア・コンピタンスに一層の磨きをかけ、不得手はアウトソーシングするようになる。

　このような状況下で存在感を示したのが、「問屋」であり、「仲買」であった。この時代の問屋は、質的にも量的にも充実した存在で、委託品を配送して手数料を得る単なる「荷受業者」ではなく、巨大な利潤獲得をねらってあえて仕入れ・所有リスクをとる大規模な「仕入問屋」であった。

2.4 多段階分化

　取引エリア拡大効果は同時に、「卸多段分裂」にも拍車をかけた。全国に分散的に点在する小規模生産者（川上の端）と、同様

に分散的に点在する小規模小売業者（川下の端）との間をつなぐには、生産地で物品を集荷する卸売業者、および消費地で取引単位をバラして小売業者に販売する卸売業者が要請されたのだ。とりわけ、「特産物」のように生産される物品や価格に魅力があり、生産地と消費地との距離が離れているほど、その両地点を「バケツリレー」のようにつなぐ事業者が要請され、当の中間業者にとっては非常に魅力的な商機が見出せることになった。

こうして、交換インフラ整備による日本全国というマス・マーケットの成立を背景にして、卸売業者は新たに広がった地平で、巨大な需給ギャップを埋めるため、「仲継的分業」という細胞分裂を繰り返し、多段階化していったのである。

実際、この時代の綿の流通を例にとると、生産者と小売業者の間に、「産地の仲買」「仲継ぎ地の問屋」「消費地の問屋」「消費地の仲買」といった具合に、なんと卸売業者だけで4段階も介在したものがある（野口 1996）。

3 流通が短くなるとする論理

3.1 問屋無用論

経済社会の発展により生産セクターと消費セクターとの間のギャップは大いに拡大した。このような状況下で、社会的分業の要請に応える形で、生産的小売業者（行商人）や独立小売業者、そして卸売業者らが分化し、さらに卸売業者自体が細胞分裂して、流通は多段階化を遂げた。

しかし、20世紀を迎えると、この実態を批判する「問屋無用論」といういかにも通俗的な議論[5]が台頭する。流通の機能に関

する洞察力の乏しさゆえになされた表層的な議論だったのだが、ジャーナリズムや一般人のレベルを超えた次元で語られるところとなった。

この議論の先導者の1人がショー（Arch W. Shaw）である。彼は、工業化の進展と歩調を合わせるように中間商人が増加してきたことを認識しながらも、「最近になって、配給過程における各段階の数が減少する傾向を示してきた」（Shaw 1915）とし、この傾向が「あらゆる産業」に現れていることを指摘している。

第1章でも触れたが、彼は、言うまでもなく「マーケティングの父」と称されるこの道の専門家であり、この当時の現状認識は部分的には正しかったのだろう。しかし、彼は、「配給過程の最も極端な手段は中間商人の完全な排除」であり、生産者による「消費者への直接販売」が、専門品の製造業者によってなされていること、そしてこの当時の「通信販売業の異常な発達」も、この取り組み（中間商人の排除）の「経済性の証明」であることを主張している。

そしてなんといっても衝撃的なのが、あくまで経済条件が現状のまま続くならばという条件付きなのだが、「将来、（直接販売が）より多くの発展を示すことを約束する」とまで言い切っている点だ。

「将来」がいつ頃までを指すのかにもよるが、この大胆な提言は、短期的には当てはまったようにみえたが、中長期的には明らかに妥当しなかった。そのあたりのダイナミズムについて、明らかにしてみたい。

3.2 浸潤現象

⑴ 川上からの浸潤

　ショーがこの提言をなした頃、確かに中間業者は川上から課業を奪われる「浸潤現象」[6]に襲われていた。当該現象をもたらした動因は、大別して3つある。

　1つ目は、「生産量の驚異的増大」であった。19世紀中葉以降、兵器産業を皮切りに本格化した機械生産（大量生産）[7]は、20世紀に入ると、合理化を目指す多様な業界で応用され、生産性を飛躍的に高めた。短時間で大量に産み出される製品を継続的にさばくには、大量流通が不可欠だったが、当時の中間業者には、その能力がなく、跛行性が顕著になった。この状況下で、焦燥感にかられた大規模生産者は自ら流通過程に進出し始めたのだ。

　2つ目は、「生産市場の集中化」である。大規模化する生産者はやがて中小生産者を駆逐、あるいは併合するような形で寡占市場を形成していく。　生産者の規模が小さく、分散的に存在するなら、製品を集約化するために中間業者が必要になり、彼らを介在させることのコスト優位性が発生する。ところが、生産者が大規模化し、寡占化することで、プレーヤーの数が激減すれば、そのコスト優位性は消滅してしまう。Hilferding（1923）は、「生産における集中は、単に商業の集中をまねくだけでなく、商業を余計なものにする」とまで述べている。

　3つ目は、「マーケティング課題の出現」である。自動車やミシンなどの高額、かつイノベーティブな新製品が開発されると、流通業者は単に物流を受け持つだけではすまなくなる。ユーザーが使用方法をたずねたり、保守・点検などのメンテナンスを要請したり、修理を依頼したりするからだ。実際、高額な機械製品の売り込みの際には、デモンストレーションを行って製品の使用法

の説明、および優秀性について巧みなアピール等が必要になる。そして、購入後にはメンテナンス、保証、修理などのアフターサービスが不可欠になる。このようなマーケティング課題に対して、既存の流通業者では応えることができない。それゆえ、生産者が自ら流通過程に介入せざるをえなくなったのである。

(2) 川下からの浸潤

中間業者が「浸潤」を受けたのは、なにも川上からだけではない。19世紀後半になると、川下の小売業者からも浸食されるようになった。小売サイドの事情が発端となった浸潤現象の主な動因は2つある。

1つ目は、Shaw (1915) も指摘した「通信販売業の発達」である。19世紀後半からモンゴメリー・ウォード (1872年設立)、シアーズ・ローバック (1893年設立) らが、配布したカタログを用いて消費者から直接注文をとる手法を開始して、大人気を博した。折からの鉄道および郵便制度等のインフラの整備がなされて可能になった新たな販売手法である。広大な米国大陸の中で、とりわけ近隣の小売店に乏しい大農場地では、多様な製品を自宅まで届けてくれ、なおかつ安価なこの無店舗小売業は貴重な存在になった。このような「ダイレクト・マーケティング」の普及の結果、既存の中間業者は次第にスキップされるようになってしまった。

2つ目は、「チェーン小売業の発展」である。筆者はチェーン・オペレーションが、小売業史上最高の発明と考えている。小売店はその言葉が如実に示すように、最終消費者に、ノート1冊、ボールペン1本といった小口販売を行う流通機関である。そうであるがゆえに、百貨店のように、人通りの多い都市部に巨大店舗を構築して大量の商品を販売しない限り、まとまった経営成果は得にくい存在だった。ところが、先覚者であるウールワース

（1879年設立）やJ. C. ペニー（1902年設立）らは、個々の店舗は小規模であるにもかかわらず、ステレオタイプの連鎖店を広範囲に大量出店することにより、トータルで巨額の経営成果を得られるようにした。

各チェーン店は「販売」に、そしてチェーン本部は主に「仕入」とマネジメントに特化することで、もともと小規模事業者だった小売店を大企業へと押し上げた。このチェーン本部の「仕入」活動が、いわゆる「卸売」業務である。つまり、この新たな流通システムは傘下のチェーン店をバックに、卸売機能を内蔵することで大成果を獲得したのである。当然、この種の流通システムが普及すれば、既存の中間業者が不要になるのは自明のことである。

中間業者は、以上のような川上と川下からの浸潤現象に見舞われ、存立基盤を揺るがされて、減少傾向をたどっていったのであった……。

と、「問屋無用物語」のエンディングを迎えたいところだが、現実はそうではない。

実は、ショーが夢想した中間商人排除傾向は、ごく限られた期間の一過性のトレンドにすぎなかったのだ。それも、中間業者にのみに固有に起こった現象ではない。信じられないかもしれないが、生産者の大規模化や寡占化、そして通信販売の普及、小売業のチェーン化はその後も、一層進展したにもかかわらず中間業者は減少しなかった。それどころか大幅に増加したのである。

このちょっとミステリアスなストーリーに関しては、後ほど述べるとして、まずは上記の浸潤現象に見舞われたと思われた中間業者がその後どうなったのか、事態の推移を明らかにしておきたい。

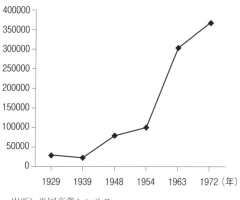

図2-2　卸売事業所数の推移（米国）

出所）米国商業センサス。

 中間業者増加の実態

　何を語るよりもまず、米国の商業センサスに基づいて作った図2-2をご覧いただきたい。確かに、1929年から1939年にかけて、問屋（wholesale merchant）の事業所数は、2万9205から2万2538へと約23％の減少をみている。この数字だけをみると、「問屋無用論」は正しかった、となりそうだ。

　ところが、その後の数字の推移をみていただくと、1948年には7万9767になり、1954年には10万の大台を超え、1963年には30万8177と大幅増加となっているのだ。問屋の事業所数は、1929年から1963年までの35年間で、約10.6倍、起点を1939年にすればその後の25年間で、実に約13.7倍にまで膨れ上がっている。この事実をみて問屋は無駄、経済の寄生虫といった「問屋無用論」を言い張る人はいないだろう。社会経済的にみて、必要だったからこそ

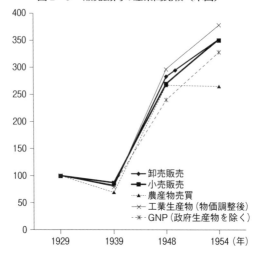

図2-3 販売動向の産業間比較（米国）

注）この指数化した数値は、Converse（1957）に依拠している。

大幅増加を実現したのだ。

　なるほど、とはいっても1929年から1939年にかけては実際に事業所数の減少をみたではないか、といわれそうだ。無論、これは事実なので、ショーは、「近い将来」を予見して、そう提言していたのではないかといった好意的解釈も出てこよう。

　しかし、残念ながらそういった解釈は実態に照らすとまったく正しくない。彼は明らかに「間違っていた」のだ。

　図2-3をご覧いただきたい。米国のさまざまな産業部門の取引額の推移を、1929年時点を100として指数化したものである。これによれば、確かにこの10年間（1939年まで）で、卸売業の取引額は82と後退しており、小売業の87より落ち込みが大きいことがわかる。しかし、農産物売買の69、工業生産物（物価調整後）の80に比べれば、その落ち込み幅は明らかに小さくなっている。

38 第2章 流通の進化と逆説

つまり、ここで強調したい点は、この10年間はどの産業も総じて減少していたのだ。この減少は、何も問屋に限った「問屋固有の問題」ではなく、全産業に共通した一過性の出来事だったのだ。事実、この間のGNP（国民総生産。政府生産物を除く）も83とほぼ問屋と同水準の低下をみている。

それではこの10年間に一体何が起きていたのか。それは、大恐慌であった。1929年10月にウォール街で発生した株価大暴落は[8]、米国中にパニックを生み、甚大な被害をもたらした。この経済的大津波により、企業の倒産はあらゆる産業に及び、その深刻な影響を問屋も受けていただけなのだ。

決して、ショーがこの論考を書いた1910年代初頭に、このような未曾有の事態やその後の「失われた10年」を予見していたわけではなかった。彼は、あくまで、上記の川上および川下からの浸潤現象に着目し、このような動向が続くならば直接取引が増えるだろうと考え、中間業者は不要になってしまうことを「約束」してしまったのであった。

5 日本における「問屋無用論」:「流通革命論」

米国では、前掲の図2-2の通り、経済の復興とともに、問屋の事業所数も、取引額も大幅に増加したため、問屋無用論は1940年代以降にはほとんど語られなくなった。これは、消極的ながら一般に問屋の必要性、重要性が認識された証拠といえる。ところが、この死滅してしまった議論が、1962年になって極東の日本でゾンビのように甦る。

「流通革命論」がそれだ。米国では「失われた10年」が終わっ

た1939年から四半世紀近く後のことで、なんと問屋の事業所数（米国）が14倍近くへと異常増加を遂げた（1963年）のとほぼ同時期にである[9]。

死者（流通革命論）を鞭打つつもりは毛頭ないが、当時、かなり注目を浴びた流通の議論であり、その後、業界、学会に与えたインパクトも半端ではなく、かつ流通の本質を知るうえで重要な素材と思われるので、若干の紹介と考察を行いたい。

「流通革命論」を提唱したのは、当時、東京大学で統計学の教鞭を執っておられた林周二助教授であった。彼の問屋無用論は[10]、当時、急成長を遂げつつあったスーパーマーケット（スーパー）による既存流通への影響に基礎をおいていた。その影響——それこそが「流通革命」の本質なのだが——は、大別して次の2点に集約できる。

1つ目は、水平レベルの競争への影響である。わが国には、「前時代的な経営形態」（職住一体店舗、ドンブリ勘定等）を営む多数の零細小売商が存在する。ここに、年商100億円超の巨大スーパーが参入してくると、わずか250店で全国130万軒の売上の半分を占めてしまう。たとえ年商5億円だとしても、5000店あれば半分のシェアを奪取する。つまり、スーパーの成長により、既存の小規模小売業者はかなり駆逐されてしまうと主張する（林 1962）。

2つ目は、垂直レベルの中抜きへの影響である。これが、日本の「問屋無用論」とみなされる所以なのだが、林（1962）は、スーパーのチェーン本部が傘下に多数のチェーン店を擁するようになると、「大小メーカーと直接有利に交渉することができるようになる」とし、「問屋はもちろん排除」されると指摘する。彼が論じた通り、日本には人口対比でみて他の主要先進国より多数の小規模小売店が存在している。

「過小過多」と表現される日本の零細小売商に商品を小分けし（取引ロットの小規模化）、なおかつ遅滞なく送り届けるには、卸の多段階化が不可欠である。しかし、巨大スーパーのチェーン本部のようなクリティカル・マス（最低必要取引量）の大きなところが台頭してくると、川下の末端卸はもとより、卸自体が不要になってしまうという理屈であった。

そして、その中抜きの効果に関しては、「二十万の膨大な数にのぼる問屋、卸商の大部分は（中略）消滅の運命を辿る」とまで述べ、ほとんど存在感がなくなると予想していた[11]。

以上の通り、林の「流通革命論」は主に川下からの浸潤現象に着目した「問屋無用論」だった。こちらも、ショーの「問屋無用論」と同様、結果としては間違っていた。商業統計表により日本の卸売事業所数の推移をみると、同論が発表された1962年が22万3409であったが、1972年には25万9163に、1982年には42万8858に、1991年には47万5983へと、減少どころか、「増加の一途」をたどっていったのである。

6 なぜ間違ったのか

優れた研究者たちの分析にもかかわらず、なぜ中間業者は増加の一途をたどったのであろうか。もちろん彼らが着目した川上および川下からの浸潤現象は無効だったわけではなく、それらは中間業者の減少要因として作用していた。しかし、彼らが見落としていたのは、それを遥かに凌駕する増加要因と温存要因だった。この点を明らかにしてみよう。

まず、「市場の拡大」が挙げられる。20世紀は恐慌や戦争など

の大惨事が勃発したが、その前後にはしばしば経済成長が随伴し、かつ人口も増加の一途をたどっていた。つまり、問屋無用論が唱えられた当時は、市場が現下のような成熟型ではなく、完全に成長途上型だったのだ。単純にいって、人口（消費者）が増えれば、流通業者も増える必要がある。市場の地理的範囲が拡大すれば、物的流通機能の充実が不可欠になる。人口が持続的に増加し、地理面で分散的な広がりをみせる最終消費者に製品を行き届けさせるためには、バケツリレーを担う多数の中間業者が不可欠になったのである。

　続いて、「中間業者の変質」が挙げられる。川上からの浸潤現象の説明箇所で、有力メーカーと比較した中間業者の相対的劣位（跛行性）について言及した。大量生産に対応できる大量流通が可能な中間業者でなければ存在価値はないとする論理だったが、彼らは座して死を待っていたわけでも、単に手をこまねいていたわけでもなかった（Converse 1957）。物流、倉庫、情報化等の諸側面で、近代化を図り、「餅は餅屋」の専門機能を果たすことで、分業のメリット（流通コストの低減）を実現した。そうであったからこそ、必要とされ、有効活用されて数を増やしていったのである。

　また、「直接流通の問題性」がある。生産市場のプレーヤーが大規模化し、寡占化することで、直接流通が増加する可能性があることを上で指摘した。これは間違いではないのだが、並のメーカーが実行しようとすると二重の壁が立ち塞がる。1つは、投資コストの壁である。メーカーが最終消費者に直接販売しようとすると、店舗開発、店舗運営（人件費を含む）、在庫施設構築・管理などの巨額の経費をすべて自前でまかなわねばならない。

　ここで、メーカーは直接流通投資のコスト・パフォーマンスと、

42　第2章　流通の進化と逆説

外部化のコスト・パフォーマンスとを比較考量して、意思決定することになるのだが、一般的にいってこの種の内生化で高いコスト・パフォーマンスを得られるメーカーはほとんどない。一般論でいえば、外部化（分業）した方が得なのだ。

いま1つの壁が、品揃えである。寡占メーカーが直営店を作った場合、通常、自前の商品のみを品揃えする。高いコストを支払って作った直営店にわざわざライバル企業の商品を並べて売上アップに貢献してあげる意味は皆無だからだ。

すると、消費者の商品選択の問題が浮上する。前章で書いた通り、メーカーは少品種大量生産をなすことで己の生産技術を磨き、低コスト化を実現してきた。そんなメーカーが自前の小売店を作ったとして、その店の品揃えを充実（豊富な商品種）させることができるだろうか。とりわけ経済成長とともに、最終消費者の価値観が多様化、個性化してくるトレンドのもとで、彼らを満足させるだけの多様な品揃えを提供することができるのだろうかというのが、品揃えの壁であり、最大の問題である。答えは、ほとんどのメーカーで不可能というのが結論であった。

次に日本固有の事情についても触れたい。それは、「規制」と「独特の購買スタイル」である。以前、日本には百貨店法（1937年制定）という商業調整法があり、中小零細小売業の事業活動を確保するために影響度の高い大型店の出店や営業を抑制していた。このような法規制があると当然、中小零細小売業者は保護され、そこに商品を流通させる中間業者も温存されることになる。つまり、競争の遮断により浸潤現象は起こらないのだ。

林が流通革命論を主張した1962年時点も第二次百貨店法（1956年制定）が施行されていて、中小零細店は保護され、中間業者の「中抜き」は起こりにくく、常識的にはこの種の問屋無用論は提

唱しにくかったといえる。だが実際にはなされてしまったので、その理由を推察するに、その当時、まだ日本にスーパーが出現して間もない頃であり、百貨店法で規制されるかどうかは不確かだったのではないかと思う。そして、それ以上に林は、スーパーという「新業態」のイノベーションと消費者からの高評価に目を奪われ、純粋に右肩上がりの成長、そして小売シェアの爆発的奪取を予想したのではないだろうか。

　流通革命論の成立とは無関係だが、その後、百貨店法は、スーパーが起こした擬似百貨店問題を是正するため大規模小売店舗法（1973年制定）へと姿を変え、スーパーに規制の網をかけて、その成長に歯止めをかけてしまった。この結果、中小零細小売業者は保護され、そこに商品を流通させる中間業者も温存され続けてしまったのだ。

　また、川下からの浸潤現象を阻んだ中間業者の減少抑制効果は最終消費者サイドからもはたらいたと思われる。とりわけ日本の消費者は、購買頻度の高い「小口当用買い」、商品に鮮度・完璧性を求める「高い購買価値観」、居住空間の狭さに起因する「貧弱な貯蔵設備」、簡単に低価格に走らない「低い価格コンシャス性」など、独特の購買スタイルを有していた[12]。それらが絡み合い、遠くの大型店よりも比較的近隣の信頼できる小売店がよく利用されるということがあった。その結果は、言うまでもなく従来型の小売店とそこに商品を流通させる従来型の中間業者を存続させることになった。

　さて、最後にちょっと奇妙な話をしよう。それは、小売市場でスーパーが増加すると、中間業者も同時に増加するという一見パラドキシカルな関係についてだ。上述の川下からの浸潤の議論では、仕入規模の大きな大型店やチェーン・オペレーションを行う

チェーン本部はクリティカル・マスが大幅に高まるので、既存の中間業者から仕入れる必要がなくなり、結果として中間業者は排除され、減少するというものだった。もちろんこのような減少効果がはたらかないわけではない。だが、実は成長期のスーパーでは、これとは真逆にまさにその成長のために中間業者の存在が不可欠になることがあった。

スーパーは、売上実績の好調を背景に、やがてさらなる経営成果の向上を目指して、広いエリアへ多店舗展開するようになる。生産地点との距離がほどほどなら自前の物流網でカバーできるが、それを超えると外部化せざるをえなくなる。つまり、成長性の高い広域展開型のスーパーは、必然的に卸売業者に依存せざるをえなくなる場面が出てきたのである。

また、生鮮食品中心のスーパーは次第に総合化の道を歩むようになった。日用品、雑貨、軽衣料などへの品揃えの拡大を果たしたスーパーは、最終的に重衣料、家電、家具等まで手を広げる。

ちょっと極端な話だがこのような総合化の過程にあったスーパーで、ある日、鮮魚担当の責任者が「来期からウチも単価の高い家具のコーナーを作って、売上を一気に2割増やそうと思う。そこで君、有能だから家具部門の責任者になってくれないか」と申し渡されたらどうだろうか。鮮魚担当で高成果を上げていたからといって、突然まったく畑違いの家具の責任者に祭り上げられたらそれこそパニックである。なぜパニックになるかといえば、売れ筋商品の品揃え、仕入れルートの開発、価格設定、陳列方法、什器選定、POP等に関して、自分はもとより、社内にもまったくノウハウがないからだ。

この例は極端だが、それに近いような形で総合化の道を歩み始めたスーパーの窮状を救ってくれたのが、ラックジョバー[13]と

いう「卸売業者」だった。彼は、スーパーのラック（コーナー）を任されると上記の業務をすべてこなしてくれて、なおかつ残品の回収まで行ってくれた。商品別に業界事情に精通し、それまで多くの小売業者と取引を行っていたので、どのような商品が売れ筋で、どこから仕入、いくらに価格設定し、どのような売場づくりをすればよいのか知悉していたのだ。

このようなプロに新規商品部門の丸投げができれば、ほとんどノーリスクで総合化の道を歩めるようになる。つまり、スーパーは総合化のプロセスで、リテール・サポートをしてくれる卸売業者を不可欠のパートナーとしたのだった。

7　結　語

中間業者を温存、および増加させる要因が、減少させる要因よりも遥かに強く作用したがゆえに、中間業者は世界中で増加していったのである。「問屋無用論」や「流通革命論」は、結果として提唱者の主張通りにはならず、未来を予測する理論にはなりえなかった。

だが、流通というブラックボックスに衆人の目を引き付けた意義は大きい。加えて、流通とは一体どんな役割を果たしているものなのか、その原理や機能に関して分析のメスを入れる契機をもたらしてくれたことは重要である。

次章では、これまでこの分野で発表されている著名な理論（原理）を紹介、検討することを通じて、流通過程の存在意義を学問的に明確にしていきたい。

■ 注 ————————————————————————

1）「肆」は、「いちくら」あるいは「いちぐら」と読む。これは、市庭において地割りをして、物品を陳列したスペースを指し、「小売店舗」あるいは「小売テナント」のはしりである。

2）生産的小売業者（「行商人」の原初形態）は、本章でも述べた通り、弥生時代中期から存在していた。なお、石井（2003）によれば、常設の店舗が興ったのは室町時代とのことである。

3）商物分離とは、経済社会が高度化することにより、所有権の流れ（取引流通）に携わる業者と、モノの流れ（物的流通）を専門に担う業者とが、分離してくる状態を指す。

4）このあたりの展開に関しては、野口（1996、pp.114-119）を参照いただきたい。

5）ここで「通俗的」と表現している意味は、「何も生み出さずコストアップ要因でしかない卸売業者を排除せよ」「経済の寄生虫」「盲腸」といった直感的かつエキセントリックな批判を指している。

6）この用語はあくまで、筆者固有のものである。川上および川下の事業者により中間業者のビジネスが代替される様をこのように表現した。

7）19世紀における生産量の増大は凄まじいものがあった。初期のマーケティング成功事例として取り上げられるマコーミック社の刈取機の生産台数は、1840年の開始時がわずか2台であったが、20年後の1859年には5118台へと2000倍以上になっている。これは業務用製品だが、消費財ではシンガー社のミシンの生産台数が1853年に810台だったものが、1872年には21万9758台へと大幅増を達成している（この後はもっと増加している）。詳細に関しては、光澤（1990）を参照のこと。

8）ゼネラル・モータース株の80セント下落に端を発した「暗黒の木曜日」は、後に「米国が死んだ日」とも称せられるほど深刻な経済的ダメージを与えた。その余波は、広く海外にも及んだ。

9）私事だが、筆者はこの当時、まだ7歳だったが、米国の音楽やファッションがかなり入っていたことを鮮明に記憶している。今日ほどではないものの、米国の情報の獲得がさほど不自由ではない時期に、そして1930年からマイケル・カレンが展開したスーパー「キン

グ・カレン」の趨勢と卸売業者の大幅増加を知っていたと思われる。林がなぜこの種の論理を主張したのか疑問である。

10) 林の理論は、いわゆる「問屋無用論」などではないといった擁護論もある。単に、「環境に適合できない事業者は生き残れない」という当たり前のことを主張しただけにすぎない、とする論だ。主に、アカデミック系の同士と思われる方々が主張した一種の援護射撃なのだが、林の書物を熟読し、かつ彼と直接面識のなかった筆者からすると首肯しがたい。

11) 林の予想は大胆であり、『流通革命』（1962年）に続いて上梓された『流通革命新論』（1964年）に、数々の批判を受けたことが述べられている。その批判の根源には、大胆さを超え、挑発的ですらあった箇所が存在する。たとえば、問屋を疎んじる傾向について問屋サイドが出した声明文に対し、「今日の問屋経営者の頭脳レベルを反映して、貧弱な論理が多い」と述べたり、世上の「問屋滅亡論」に対して原則として「国民経済的な立場から賛成である」と断言したりしている。

12) これらの要因が流通構造に与える影響に関しては、野口（1996）を参照のこと。

13) これの進化形が、サービス・マーチャンダイザーである。情報武装をし、非食品系の幅広い品目の管理業務を請け負っている。この卸売形態に関しては、野口（2012）を参照のこと。

第3章
流通の理論と実証

1 はじめに

　流通の誕生や多段階化は、歴史的事実として理解できるものの、それが本当に妥当な姿（経済合理性の高い流通）であるかどうかは、前章で紹介、検討した「問屋無用論」をみるまでもなく、疑問符を付ける人が少なくないだろう。実際、かつて Drucker (1962) が指摘したように、われわれが手にする商品の価格のうち半分か、それ以上が流通コストだとしたなら、納得できない人がいても仕方がない。自動車にしても、スマホにしても、素人にはとても作れないような有形効用を産み出すための生産コストと、生産後に消費者の手元に届けるまでにかかる無形のサービス・コストが同じか、あるいはそれ以上と聞けば、承服できない人がいてもおかしくない。

　そこで、本章ではまず、これまで流通の分野で発表されている主に卸売流通の存在を正当化する著名な理論（原理）および実証研究を紹介、検討し、流通過程の経済的意義を学問的に明確にし

てみたい。そして、流通構造と小売価格との関連性についても論じてみたいと思う。

2 流通存在の根拠理論

　流通のレゾンデートルを明確にし、コスト面での正当性を主張した理論は、その着目した視点に基づいて、製品特性、品揃え齟齬、取引総数、アウトソーシングという4パターンに大別できる。それぞれについて、主な論者の学説を簡潔に説明してみよう。

2.1 製品特性に基づく根拠理論
　マーケティングの分野では伝統的に「製品」を、それの物理・化学的な性質に基づいて類別する方法に加え、消費者の購買行動様式の相違に基づいて分類する方法をとってきた。この種の類型化は、Copeland（1923）によって精緻化、体系化され、「最寄品」「買回品」「専門品」という有名な製品分類を生み出した[1]。しかし、隔絶とした3つの離散尺度上の類型化を超え、連続尺度上での無段階類型を提唱したのが、Aspinwall（1962）である。

　彼は、製品の分類基準として、①購買頻度、②グロス・マージン、③サービス調節、④消費時間、⑤探索時間の5つを挙げ、その程度に基づいて製品を赤色から黄色に至る色彩スペクトル上に位置づけた。

　これらの製品分類のフレームワークは興味深いものだが、一層興味深いのが、製品特性と流通との関連性を論じた点にある。アスピンウォールは、たとえば、購買頻度が高く、グロス・マージンが低く、顧客に合わせたサービスの調節を必要とせず、消費時

間があまりかからず、探索時間もさしてかからないような赤色タイプの製品（製品回転率の高い食料品など）では、流通は長くなるとした。

逆に、購買頻度が低く、グロス・マージンが高く、顧客に合わせたサービスが必要となり、消費時間も、探索時間も多くかかる黄色タイプの製品（付加価値の高い高級ブランドなど）は、流通が短くなるとしたのだ。

つまり、製品特性に根ざした購買シチュエーションの相違により、合理的な流通の長さが決まることを明らかにしたのである。このことは、製品によっては長い流通（多段階の流通経路）の方が短い流通よりも経済合理性が高い場合のあることを意味している。

この理論では、生産者が取り扱う製品の特性によって、どのようなチャネル政策をとるのが合理的なのかも明示している。たとえば、赤色製品では、取引先を限定しない「開放的チャネル政策」が、そして黄色製品では一定の条件を満たした取引先に限定する「閉鎖的チャネル政策」が向いているとするのだ。

2.2 品揃え齟齬に基づく根拠理論

流通の機能に関しては、第1章4.2項で、「取引流通機能」「物的流通機能」「在庫機能」「分類取揃え機能」「情報機能」「信用機能」の6分類を明示したが、その中でも、コア中のコアの機能として「分類取揃え機能」を挙げた。限定された品種の大量販売を目論む生産者と、多様な品種を少量しか購買しない消費者との間に存在する品種面および数量面の齟齬を分類取揃え機能によって解消してくれるのが流通業者である。ここに流通業者のアイデンティティがあり、存在の根拠があるのだが、それを理論化したの

が、Alderson（1957）である。彼は、流通業者がなす消費者へ向けた製品の質的、量的なマッチング活動を「分類取揃え（sorting）」と呼び、①分類整理（sorting out）、②備蓄（accumulation）、③配分（allocation）、④取揃え（assorting）といった 4 つの課業を用いて明らかにした。

　これらの活動についての理解を助けるために、清涼飲料水の例を挙げると、流通業者は世の中にあまたある飲み物を何らかの基準に依拠してジャンル分けし（①分類整理）、選別した飲み物を大量に収集する（②備蓄）。そして、収集した飲み物を消費者の小口需要に応えられるように小分けし（③配分）、最後に多様な品種の飲み物を組み合わせて（④取揃え）、消費者に提供していく。

　以上のように、流通が行う質的変換（少品種から多品種へ）と量的変換（大量から少量へ）により、生産者の実行する「少品種大量生産」と消費者の求める「多品種少量購買」との乖離が解消されるのである。そして、生産者と消費者との二者間での直接取引と比較すると、流通業者が介入する間接取引の方が、大幅な交換コストの合理化が図られることになる。

　なぜなら、直接取引の場合は、取引相手の探索コスト（時間と労力）、交渉コスト（実際の面談や条件交渉）、取引コスト（取引相手の数と接触回数）などが、激増するからである。高度に発展した日本の経済社会では非現実的な話だが、上記の清涼飲料水の例にたとえると、最終消費者が市販の飲み物を入手したいと考え、もしも流通が完全に欠落した状態であったなら、最終消費者自身が直接、メーカーを探索し、面談して購買条件を交渉し、飲みたくなる度に多様なメーカーと直接接触しなければならなくなるのである。

　最終消費者が、多様な製品を小口で迅速に、なおかつ相対的に

低いコストで入手できるのは、流通が存在しているからである。オルダースンは、このような流通のはたらきに着目し、流通介在によるトータルの交換コストの節減効果を明確にしたのだ。

2.3 取引総数に基づく根拠理論

流通（卸売業者）の介在による取引接触回数の低減効果（結果としてのコスト低下効果）に関しては、上記のオルダースンよりも以前に、Hall（1948）によって定式化され、発表されたものがある。「取引総数最小化の原理」というものだが、以下ではこの原理について説明してみよう。

ホールは、生産者と小売業者が「直接取引」する場合の接触回数と、その中間に卸売業者が介在する「間接取引」の場合の接触回数とを比較し、後者の取引形態の方がトータルとしての接触回数が少なく、コストは低減できることを明らかにした。

この関係を図示してみよう。図3−1のように、生産者が3社、小売業者が5店あり、各小売業者はすべての生産者の製品を品揃えしたいと望んでいるとする。このモデルで、卸売業者が存在しない「直接取引」の場合（図左端）で考えてみると、各小売業者がM_1〜M_3の製品をすべて取り揃えるには最低でも、$3 \times 5 = 15$回の取引のための接触が必要になる。ところが、生産者と小売業者の間に卸売業者が介在する「間接取引」になると、$3 + 5 = 8$回の接触ですんでしまう（図中央）。「直接取引」だと接触回数が掛け算で増えることになるが、「間接取引」なら足し算ですんでしまうのである。

しかし、このモデルでは、卸売業者の数がわずか1社なので、もっと多く想定すべきとの批判があるかもしれない。そこで、卸売業者が2社の「複数間接取引」の接触を描いてみる（図右端）。

2　流通存在の根拠理論　　*53*

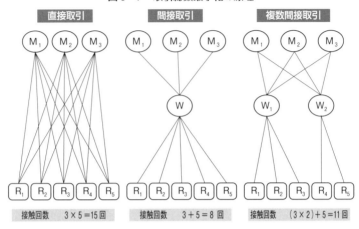

図3-1　取引総数最小化の原理

注）M：生産者、W：卸売業者、R：小売業者。

すると、生産者と卸売業者の接触回数は$3 \times 2 = 6$回であり、卸売業者と小売業者との接触回数は5回であり、トータルの接触回数は$6 + 5 = 11$回となる。ここで、卸売業者と小売業者との接触回数が$2 \times 5 = 10$回にならない理由は、W_1、W_2ともに$M_1 \sim M_3$のすべての製品を取り扱っているという想定なので、小売業者はどちらか一方の卸売業者と接触すれば全生産者の全製品を取り揃えることができるからである[2]。このケースにおいても、トータルの接触回数は、卸売業者が介在した方が少ない。

ここでキーワードとなっている事業者間の「接触」とは、取引条件の交渉、製品の受発注、各種書類（注文書、送り状など）の作成、データの記帳、代金の回収、残品の回収等を含んでおり、かなりコストのかかる業務である。卸売業者が中間に入ってくれることで、この種の煩雑な業務が減少するなら、それはミクロ的にみても、マクロ的にみても、少なからぬコスト・カットになる

のである[3]。

このことを裏づけるシミュレーション分析がある。Artle and Berglund（1959）は、直接取引と間接取引のどちらの方が流通コスト面からみた場合、合理的なのかをシミュレーション分析によって明らかにした。方法は、卸売業者数、小売業者数、販売員の訪問回数、単位時間当たり給与、マイル当たりの旅費、取引交渉数等を変数とし、直接取引と間接取引の合計３つのチャネルのコストを算出し、比較したものである。３つのチャネルとは、①製造業者が直接製品を販売する場合、②１社の卸売業者を経由する場合、③２社の卸売業者を経由する場合[4]、である。

分析の結果は、②の１社の卸売業者を経由する間接取引が、最少のコストですむ、というものだった。なんと、①の直接取引は、③の２社の卸売業者を経由するよりも２倍以上のコストがかかり、最悪の選択肢であることが明らかになった。

2.4　アウトソーシングに基づく根拠理論

分業による合理性の追求が、外部化という他組織への機能移譲をもたらすことがある。Stigler（1951）は、製造業者の諸活動のコストに着目し、機能移譲が生起するメカニズムを明らかにした。製造業者の主要な業務はもちろん、有形物の生産である。だが、実はそれ以外にも多様な活動を実行している。たとえば、仕入れ、在庫、物流などである。当然のことながら、これらの活動は本来の「製造」とはかなり異質の行為なので、生産水準の変化に応じてコストの増減がパラレルに起こるわけではない。生産規模が拡大し、有形物の生産コストが低下したからといって、生産以外の活動のコストが同時に低下するわけではないのである。

企業規模が拡大する過程でこのような事情を抱えた製造業者は

次第に生産性の高まらない活動を自前で遂行することをやめ、外部の専門機関にその機能を移譲することになる。これは、前章で述べた「生産・小売一体者」がやがて、生産者と小売業者に細胞分裂したり、卸売業者の誕生をもたらしたり、さらにそれが多段階へと機能分化したりするプロセスで作用したメカニズムと類似である。モノの移転に特化した物流業者、モノの保管を専門にする倉庫業者の誕生、発展なども、コスト合理性の観点から機能を移譲された例といえる。

　また、機能の適正配置に関しては、Bucklin（1966）が、ユニークな理論を提示している。彼は、事業者が実行する「延期」と「投機」という活動により、適切な機能の配置がなされ、トータルとしての流通コストは最小になると考える。そのメカニズムは次の通りだ。

　事業者は、製品の特性（品質、形態等）や在庫をなるべく消費者のニーズに近いところまで先延ばしすれば、失敗のリスクが少なくなる（たとえば、注文生産）。これが「延期」という活動である。ところがそれでは規模の経済性が実現できず、大きな利益が見込めないので、事業者によっては、川上の段階で製品の特性を標準レベルに設定し、見込みの大量生産および大量在庫をすることがある。このローコスト生産は、製品がヒットすれば、非常に高いコスト・パフォーマンスを実現してくれる。

　ただし、この行為は、博打性が高く、大量のデッドストックによる大きなリスクを内包することになるので、この活動を「投機」と呼ぶ。

　状況次第で、「延期」によってコスト節約になることもあれば、「投機」によってそれが実現することもある。それらのコスト・パフォーマンスの比較によって、たとえば、前者よりも後者を行

うことによるコスト優位性が発生したときに、流通過程内に投機的事業者が新規参入してくる可能性があるというのだ。

そして、この「延期」と「投機」という行為のゆらぎにより、流通過程ではトータルのコストが最小化するよう必要機能の配分がなされていくというのである。もしも、過分な利益の内部留保をしている事業者がいても、競争環境が整っていれば、やがてその種の事業者は市場から駆逐され、必要機能をより適正なコストで果たす事業者へ機能移譲がなされるとするのだ。Bucklin（1966）は、このような機能移譲プロセスを「機能的代替可能性（functional substitutionability）」という概念で説明し、不完全な流通は時間経過とともに最適な機能配置がなされ、トータルとしての流通コストは最小化する規範チャネルを形成していくことになるとしたのである。

この種の機能移譲（アウトソーシング）がもたらすコスト優位性に関しては、Hall（1948）も独自の「不確実性プールの原理」で説明している。

これは元来、卸売業者の存在理由を在庫コスト面から正当化する理論なので、生産者が保有する在庫はモデルに含まない。だが、ここでは生産から流通までの全プロセスのアウトソーシング関係を射程に収めているため、筆者なりの若干の修正を加え、生産者の在庫も含めたモデルに拡張したものを提示することにしたい（図3-2）。

まず直接取引の場合、1社の生産者と10店の小売業者がいるとして、生産者は1000個、小売業者はチャンス・ロスが起こらないように500個ずつの在庫を持っているとする。この場合の総在庫量は、1000＋（10×500）＝6000個となる。

ところがここで在庫の保管に長けた卸売業者が介在する間接取

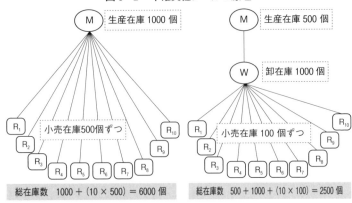

注）M：生産者、W：卸売業者、R：小売業者。

引になると、生産者は500個、各小売業者の在庫は100個となり、卸売業者が1000個の在庫を保有していたとしても、トータルの在庫量は500 ＋ 1000 ＋（10 × 100）＝ 2500個ですんでしまう。

　つまり、間接取引の方が直接取引よりも総在庫量は少なくなり、在庫に関わるコストは少なくてすむのだ。

　ただし、この比較モデルの場合、生産者の在庫が1000個から500個へ、小売業者の在庫が500個から100個へと激減しているので、数字の設定いかんによって結果はいかようにでも操作できると考える方もいるだろう。しかし、卸売業者が在庫機能と物流機能をきっちりと果たしてくれるなら、これらの数字は決して非現実的なものではない。近代的な倉庫を有し、適時適配可能な卸売業者が中間に入ってくれるなら、生産者は多めの在庫を保有しておく必要はなくなり、小売業者も自店の在庫が一定の安定水準を割り込めば即時的に配送してくれる卸売業者がいるので、コストのかかる在庫を自店内に多めに保有する必要はなくなるのである。

ちなみに、卸売業者の在庫量として設定した1000個は、このモデルの全小売業者が同時にすべて無在庫状態になった際に完全に充足できる数量である。よほどのパニックでも発生しない限りこのような事態は起こりえないので、1000個でも多すぎる設定といえる。

　言うまでもなく在庫は、保管スペース、重量などをくい、その数量が増せば増すほど、コストが累積的に増加するものであって、事業者にとってはより少ないほど望ましい。在庫というコスト負担業務を卸売業者にアウトソーシングすることにより、トータルの流通コストは明らかに減少するのである。

　以上の理論は、いわゆる「分業の利益」を説いている。各段階のすべての事業者が不得手な機能を重複して果たすよりも、ある機能に特化した専門業者にアウトソーソング（機能移譲）した方が、合理性を実現できる場合が多いことを示している。

3　実証研究

　中間流通介在によるコスト優位性の根拠を明示したのは上記のような「理論」ばかりではない。実態の観察に基づく実証研究も存在する。代表的な研究を以下に提示したい。

3.1　規模の経済性説

　江尻（1979）は、米国のシカゴ近郊で商売を営む食料品店の仕入れ状況をケースとして紹介している。この小売店は、サーティファイド・グローサーズ・オブ・イリノイ（以下、サーティファイド）という卸売業者を通して仕入れを行っている。その理由は、

3　実証研究　*59*

生産者から直接仕入れると、単価5.5ドルであるのに、上記の卸売業者から仕入れると5.1ドルですむからである。

なぜ卸売業者を経由すると40セントも安くなるのかというと、仕入れ面での規模の経済性がはたらくからだ。サーティファイドは、生産者から5.0ドルで仕入れているがゆえに、5.1ドルで売っても10セントのマージンを得られるのである。

また、筆者が以前、直に触れた類似のケースを紹介したい。2000年前後に、マスメディアから引っ張りだこの時期があり、さまざまな団体から講演依頼が多数あった。その中で、ある団体の講演が終わった後に、某有名メーカーの方とお話しをする機会があった。ちょうどその頃、「流通の黒船来航」「流通開国迫る」といった見出しがメディアに躍り、巨大流通外資が日本に進出する前後のことだった。巨大外資小売と交渉をした国内メーカーの方が、「先方から直接取引を要求されました」とちょっと曇った表情を浮かべた。筆者は、「それは大変ですね。安くなるわけでもないのに」と返すと、「ええ。だから、直で取引をしたいなら応じますよと。でも、ウチのなじみの卸さんを通した方がもっと安くなりますよと言いました」。

これは、上記のサーティファイドのケースとほぼ同様だ。卸は大量仕入れを行い、大きなボリューム・ディスカウントを受けている。もちろん、マージンはとるものの、仕入の規模の経済性によるディスカウント額の方が高い。結果として、仕入数量のまとまらない外資小売がメーカーから直接仕入れようとしても、卸を経由した場合ほど仕入価格は安くならないのだ。

ところが、その後にある雑誌のインタビューで、くだんの巨大外資小売の方と直にお話するチャンスを得た。そこで、筆者が「仕入数量が卸売業者並みにまとまらなければ、仕入価格は安く

ならないでしょう。それに取扱品目数が多いとメーカーとの直接取引は煩雑でしょう」というと、外資の方は「日本国内だけで見れば確かにそうだ。しかし、われわれはこれからアジアに多数出店する。アジア全体での仕入数量という観点でみてほしい」とクールに返答された。

しかし、彼が目論んでいたアジア全体の一括仕入れは夢と消え、残念な結果に終わってしまった。このケースは小売が直接流通でメリットを出すことの困難さを教えてくれる。

3.2 ノン・スキップ説

ここで使用している「ノン・スキップ説」というのは、筆者の造語である。以前から日本の流通にかなり特徴的な多段階卸の存立根拠に関して、論弁的に語られてはいても、きちんと定式化され、「説」として確立されてはいないようだったので、このように命名し、レフェリー付きの学術誌に発表した（野口 1992）。

この説は、多段階構造の日本の流通実態に疑問符を投げかけ、それを否定することで、背理法的に、多段階性の正当性を導くものである。実際、3段階の卸売業者が介在する非常に「長い」といわれる流通経路が日本には実在する。そのような流通経路には、①高価仕入、②無知、③忍従という最低でも3つの疑問が浮上する。たとえば二次卸に着目すると、それの川上には一次卸がいて、二次卸は同じ卸売業を営む同業者から製品を仕入れているのである。もちろん、一次卸は、マージンを獲得し、会社を運営するために人件費や光熱費など多種のコストを負担し、それらを取引価格に反映しているはずである。そうであるならば、同じ卸売業を営んでいる二次卸は、なぜわざわざマージンやコストの付加された高い取引価格で一次卸から製品を仕入れる必要があるのだろう

3 実証研究　*61*

か、そんな（損な）ことをせず、一次卸を飛び越して（スキップして）、メーカーと直接取引をすればよいのではないか、という疑問である。これが、①の高価仕入の疑問だ。

しかしこの論理でいくと、三次卸はもっと不可解だ。自分の川上に2社もの同業者が介在していて、多額のコストが累積的に取引価格に加算されているにもかかわらず、自らメーカーと直接取引をしないのはなぜなのか。この高価仕入の疑問は、その根底にある新たな疑問を生む。二次卸、三次卸は、川上の卸をスキップすることのメリットに気づいていないのではないか。これが、②の無知の疑問である。あるいは、気づいていながらも何らかの理由で我慢しているのではないか。これが、③の忍従の疑問だ。②と③の疑問が解決できれば、自動的に①は解決することになるだろう。

さて、流通業者の実態を観察すると、②の無知は成り立たない。二次卸にしても、三次卸にしても、製品の探索、選別、仕入、在庫、販売、物流などの容易ならざる活動に従事し、生計を立てているプロフェッショナルである。そんなプロがより低コストで仕入れられる取引相手を探索・選別できぬはずがない。その程度のソロバン勘定すらできない人間は、そもそも商人になる資格がない。

また、③の忍従も考えにくい。直接取引のコスト優位性を認めながらも、あえて不利な間接取引に甘んじる理由は卸一般の次元では考えられないからだ。法治国家、自由主義経済、職業選択の自由などを標榜する日本で、合法的に不利な地位を取引相手に強要する主体は存在せず、またどんな主体も意味なく不利な業務に忍従する義務はないのである。

ということは、結論的には、①の高価仕入が成り立たないとい

うことを意味している。二次卸も、三次卸も、自分の川上に同業者が介在していることを認識し、彼らが儲けをとり、コストを負担し、それらが取引価格に反映されていることを熟知していながらも、自己の経営資源および機能（役割）、そして取り巻く諸環境等を熟慮して、可能な限り合理的な意思決定と行動をとった結果が現状なのだ。逆説的にいえば、現在の環境下で最高水準の合理性を実現しているがゆえに、卸は3段階と多段階に落ち着いているといえる。

自己の属する流通経路内では、このような合理性がきちんと実現されていると二次卸、三次卸は認識しているがゆえに、換言すれば決して高価仕入をしていないがゆえに、彼らは川上の同業者を飛び越して（スキップして）メーカーと直接取引を行おうとしないのである。これが、「ノン・スキップ」の意味である。

 流通の「長さ」をどう考えるか

4.1 流通の長さの規定因

これまで理論、実態などの諸面で、くどいくらいに述べてきた流通の存在根拠であるが、現実には流通の長さ（卸売業者の段階数）は一様ではなく、長いものもあれば、短いものもある。それゆえ、流通の長さを決定するうえで影響を及ぼす要因には一体どのようなものがあるのかを明らかにしておく必要があるだろう。この点に関しては、Douglas（1975）および田村（1986）らによる秀逸な分析と整理があるので、それをもとに筆者の考えを加えた表3-1を掲げておきたい。

これをみると、きわめて多様な要因によって、流通の長さが決

表 3 - 1　流通の長さの主な規定因

	特性	長い流通経路	短い流通経路
製品関連	単価	低い	高い
	製品の差別性	同質的	異質的
	重量	軽い	重い
	サイズ	小さい	大きい
	破損性	無し	有り
	変質性	低い	高い
	技術的複雑性	低い	高い
需要関連	購買ロット	小さい	大きい
	購買頻度	高い	低い
	顧客数	多数	少数
	顧客の立地	分散	集中
	消費者の知識	多く、広く分散	少なく、集中
供給関連	生産者数	多数	少数
	生産者の規模	小規模	大規模
	参入・退出条件	自由	制限的
	生産立地	分散	集中

出所）Douglas（1975）作成の表を田村（1986）が修正した
　　ものに、筆者が加筆修正を行った。

定されていることがわかる。もちろん、同一の製品でも長い流通
の特徴を備えていたり、同時に短い流通の特徴を兼ね備えていた
りする。たとえば、化粧品は一般に、重量は軽く、サイズもさし
て大きくないが、流通は長くない。同様に、絵画や高級ブランド
などは、技術的には比較的単純なものだが、流通は短い。

　個別の製品をより仔細に検討すれば、さらなる矛盾点もみつか
るが、これらの要因の整理は、大きな傾向を示したものなので、
一々問題としてあげつらうべきものではない。ただ、Douglas
（1975）および田村（1986）の表には抜けていて、筆者がアバウト
な傾向としてぜひ付け加えておきたい要因がある。それは、「単
価」と「変質性[5]」である（野口 2017）。

　製品の単価が、たとえば相対的に低い場合には、流通は長くな

64　第 3 章　流通の理論と実証

図3-3 流通の長さの例

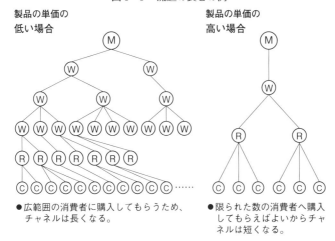

注) M：生産者、W：卸売業者、R：小売業者、C：消費者。
出所) 野口（2017）。

る傾向がある。これは、図3-3に示すように、ビジネスとして成立させるためにより多くの消費者に購買してもらう必要があるからだ。

製品の取引が多段階になれば地理的に広範囲の消費者に販売することが可能になり、結果としてトータルの経営成果は高まり、損益分岐点を突破しやすくなる。逆に、相対的に単価が高い場合には、流通は短くてすむ。

次に製品の変質性であるが、これが高い場合には、流通は短くなる傾向がある。実際、「生もの」のような時間経過とともに品質の劣化が顕著な製品では、なるべく迅速な配送が求められるので、流通は短めに設定される[6]。

以上のことから明らかだろう。流通の長さ（多段階度）は、製品面、単価面、生産面、消費面など多次元の要因によって最適な

姿が決定されるのであって、十把一絡げに「短い流通の方が合理的だ」といった短絡的な判断は成り立たないのだ。このことはすなわち、流通コストは、流通段階数の少ない「短い流通」の方が、段階数の多い「長い流通」より小さくなるとはいえないということである。

　この点に関して、流通研究においては従前から、流通の多段階性は流通コストに対して「価値中立（無関係）」である、と主張してきた。

4.2　流通の多段階性と小売価格との関係

　さて、ここで、流通の多段階性と小売価格の関係についても若干論じておきたい。上記から流通の多段階性は流通コストに対して価値中立的なのだから、小売価格とは関係ないはずである。生産、卸、小売の各段階の市場が競争性を維持している限り、需給両サイドの事情と取り巻く環境などにより最適な機能分化がなされ、最適な流通の長さが決定され、最適な取引価格が決まると想定されるからだ。

　ただ、Drucker（1962）の「1ドルの商品価格の半分が流通コストである」との指摘を想起すると、流通の長さの価値中立性は、安易な是認を許さないようにも思う。

　日本でも、前章で紹介した『流通革命』（1962年）を著した林周二は、その続編である『流通革命新論』（1964年）において、物価問題に対する流通の影響について、シビアな指摘をしている。彼は、1950年代末から1960年代前半の物価上昇を深刻に危惧し、消費者物価の形成要因を①生産者価格、②運賃、③卸売・小売マージンに分け、その寄与率を導いた。

　この結果は、消費者物価への寄与率は、生産コストの上昇が

66　　第3章　流通の理論と実証

45％前後で、流通および商業等のコストのそれは55％になったという。そこで、「流通体制をこのままに放任するならば、流通コストの上昇あるいは商業マージンの上昇は今後いよいよ物価に影響を与えずには置かないだろう」（林 1964）との見解になった。

現下、2％の物価目標の達成にすら苦闘している日本とは、まったく事情が異なる高度経済成長下の物価抑制の議論であった。ちなみに、林（1964）は、テトロンワイシャツを例にとり、小売価格1000円に占めるテトロン原糸の代金は50円程度であるとし、それの引き下げが小売価格に及ぼす影響がわずかであるとして、流通コストが一層圧縮されてしかるべきことを示唆している。

しかしながら、流通構造と小売価格との関係に関しては、上記を否定する実証研究が少なからず提示されている。田村（1986）は、『全国物価統計調査報告書』や『家計調査年報』等のマクロデータを使用し、流通構造変数（下位卸売経路比率、スーパーマーケット経路比率等）と小売価格上昇率との関係を重回帰分析で明らかにした。この結果、独立変数の下位卸売経路比率の係数は負になり、従属変数である小売価格上昇率にマイナスの影響を及ぼすことがわかった。このことは、流通の多段階性（下位卸売経路比率）が増すほど、小売価格上昇率は低下するということを意味し、一般的な常識に反して、日本型の長い流通経路は小売価格を上昇させるどころか、逆に抑止する方向に作用することを明らかにした。

筆者も以前、同種の実証研究を行ったことがある（野口 1992）。データは田村と同じく『全国物価統計調査報告書』であるが、独立変数の流通構造変数には、多段階度（「下位卸向け」「仲卸の小売店向け」「最終卸の小売店向け」の合計販売量の卸総販売量に占める割合）、スーパー・量販店シェアに加え、一般小売店シェアを入

4　流通の「長さ」をどう考えるか　　67

れた。また、従属変数は、値引率（標準小売価格から実勢価格〔全国平均小売価格〕を引き、それを標準小売価格で除した数値）である。結果は、スーパー・量販店シェアは高い正の相関係数が導かれたが、多段階度および一般小売店シェアは、統計的に有意な関連性がみられなかった。つまり、流通の多段階度と小売価格の値引率との間には関係のないこと（価値中立）がわかった。

4.3 遅行説と相異説

　流通の長さと流通コスト、さらには小売価格との関係は価値中立（無関係）ということになるのだが、それでは、諸環境や需給の状態によっては、卸売構造が5段階、10段階になってもよいのだろうかという疑問が生じる[7]。

　これまで日本型流通および流通規制等に対して、内外からさまざまな批判がなされてきた。実際、日本には過去に、小売業の出店自由度を制限する百貨店法および大規模小売店舗法が存在し、自由な競争秩序が歪められるという負の歴史があった。もし米国のようにこれらの法規制が存在していなければ、中小零細小売業は温存されず、卸売構造ももっと簡素なものになっていたかもしれない。

　ということは、現在の日本型流通が最適で、社会的に是認されるものであるかどうかに関しては、制度面のあり様を含め、消費者利益の視点からきちんと検討されねばならないことになる。ここでは、この点に関して紙幅の都合上、詳細な記述はできないが、検討のための論点（説）を次に掲げておきたい。

　日本の流通に対しては、これまで遅行説という批判と、相異説という反批判がなされてきた。「遅行説」とは、いわゆる「遅れ論」と俗にいわれてきたもので、たとえば、米国の流通システム

を１つの理念型とし、日本の流通システムは相対的に遅れていると判断するものである。この立場から、前近代的な日本の流通システムは、近代的かつ理想的な米国の流通および法制度等を見習って迅速に改善せよという提言の意が込められていた。

日本が国際競争の分野でほぼ一人勝ち状態だった1970年代から1980年代に、主に対日製品輸出が思わしくなかった米国から挙がった批判である。貿易摩擦が起きるのは、日本に数々の非関税障壁があるからで、その障壁の１つが流通分野だと指弾されたのだ。卸の多段階性、小売の過小過多性、メーカーの流通系列化、特殊な日本的商慣行、そして大規模小売店舗法などが批判の矢面に立たされた。とりわけ、前二者は、「遅行」の象徴と位置づけられ、いまだに米国政府機関から「複雑」「低生産」といった指摘がなされている[8]。遅行説に立脚すれば、日本の流通や諸制度は規範となる米国の流通とはいまだに乖離していて、前近代的な存在ということになるだろう。

次に「相異説」であるが、これは俗に「違い論」といわれてきたものである。日本と米国では、流通のプレーヤーやそれを取り巻く諸事情がかなり異なっているので、未来永劫同じになることはないという立場だ。たとえば、日本の国土は米国の25分の１程度しかなく、山間部が多く、都市部に人口が密集しているため、道路は狭く、交通渋滞が多く、駐車場も少ない。日本の国土が米国並みに拡大することは未来永劫ありえず、道路の拡幅も限界があるので、日本で米国並みのマイカーのモビリティは得られないことになる。

また、消費者の購買パターンが日米では大きく異なっている。米国では、郊外型ショッピングセンターで買物をする消費者が多いが、その際の購買パターンは、大口少頻度購買（いわゆる、ま

とめ買い）である。これに対して、日本の消費者は小口多頻度購買（いわゆる、当用買い）だ。食料品の購買を例にとると、日本人は米国人とは違って、マイカーに頼らず、徒歩や自転車での買物が多く、かつ製品に対する鮮度意識が非常に高いので、一度に大量の製品購買を行わない。無論、このような事情を反映して、住宅の近隣の店舗が利用されることが多くなる。結果として、多数の小規模店舗が住宅地の近隣に分散的に立地し、そこで発生する小口の仕入需要に応えるべく、卸売業者は多段階化して取引ロット・サイズを縮小しているのである。

つまり、相異説に立脚すれば、日本の流通は明らかに米国とは異なっていて、多段階の卸売構造や過小過多の小売構造を擁していても、それは国土や消費者意識等の条件の違いに由来するものであって、本来、問題にするような事柄ではないということになる。

さて、これらをどう考えるかということであるが、筆者は、遅行説か、相異説かのいずれか一方が正しくて、その一方のみを採用するといった二者択一的な立場をとらない。明らかに遅行説の立場から米国の流通や諸制度に追いつき変化する面と、日本固有の事情から未来永劫変わらない面があると思っている。ただどちらかといえば、相異説の方に高いウェイトを置いている。

日本の流通の今後に関しては、消費者利益を最優先に考え、海外の利点を適宜導入しながらも、固有の実情にそって独自の変化のプロセスを経て構造化していってほしいと思っている。

5 結　語

　本章を含め、これまでの諸章では主に、卸売業に焦点が当たっていた。流通の川上ということで、そちらを先行したのだが、次章からは最終消費者になじみのある川下の小売業について解説を行いたい。とくに、小売業態の進化の歴史に関して、背景要因との関連をベースに明らかにしていきたいと思う。

■ 注 ─────────────────────────

1 ）この種の製品分類論の詳細に関しては、野口（1987）を参照のこと。

2 ）このモデルでも卸売業者の数をもっと増やせば、接触回数は直接取引よりも多くなるのではないか、との疑問があるかもしれない。つまり想定の仕方次第だと。しかし、小売業者数に比べて、取引量の大きな卸売業者数は、ずっと少ないのが実態であり、過度に卸売業者数を増やしたモデルは、それこそ現実妥当性を欠いたものになってしまうのである。

3 ）それでも、卸売業者の介在による諸コスト（マージン、人件費等）がかかるとの議論があるだろう。この部分がコストアップ要因となり、小売価格は高くなるというものだ。ところが、それを遥かに凌ぐコスト低減効果が見込めるのが普通で、相殺すると卸売業者が介在した方がコスト面では優位性がある。

4 ）ここでの 2 社の卸売業者は、多段階ではなく、水平レベルで並立した状態である。

5 ）Douglas（1975）、および田村（1986）の整理の中に「破損性」が挙げられているが、これは文字通り壊れやすさをイメージさせるので、別途この要因を挙げた。

6 ）ただし昨今、温度帯管理の完備した大規模な倉庫や高度な物流機器が開発されてきている。つまり、製品の変質性を打破する技術が

5　結　語　*71*

登場してきているので、流通に若干の変化がみられる。

7）取引の地理的範囲が拡大すれば、それに応じてどこまでも多段階化が進むわけではない。市場拡大がある閾値を超えると、「分化」ではなく「統合」が起こる。この点については、田村（2001）を参照のこと。

8）2017年9月25日アップデートの情報（https://www.export.gov/article?id=Japan-Distributionand-Sales-Channels）で、米国商務省は、対日進出を考える米国企業に対し、日本の流通は、最新技術を導入して変化しつつあるものの、流通の複雑性、小売の過小過多性、日本的商慣行、系列取引などがいまだに残存していることを述べている。

第4章

直接流通化の動態
直接流通とプライベート・ブランド

 はじめに

　卸売業者を排除する直接流通は、多様な取引形態の中のあくまで1つのスタイルでしかない。前章でも述べた通り、流通経路の長さは、製品特性や需要状態など多様な要因によって合理的な水準が決まるのであって、一般論としてすべての流通経路が短く（最終的に直接流通）なる方が合理的というわけではない。

　こんな議論を改めて蒸し返さなくとも、いまだ多くのメーカーが小売業者や消費者と直接取引を行っていないという事実に鑑みれば納得するであろう。単純に卸売流通をカットするだけで、製品が安く仕入れられるなら、合理的な取引成果を求める誰しもがそれを行っているはずである。

　だが無論、流通は長い方が合理的というわけでも、直接流通が存在しないというわけでもない。逆説的だが、条件さえ整えれば卸売業者をカットすることは可能だし、その方が合理的になる場合がある。たとえば、1回当たりの取引単位を大きくすれば、直

接流通の１つの条件がクリアされる。メーカーの立場にたてば、一次卸と同じ取引規模で製品の一括仕入れを要望され、なおかつ継続的にその規模で仕入続けたいとのオファーを出してくれる事業者がいたなら、それがたとえ三次卸でも、小売業者でも喜んで取引するだろう。

　メーカーにとっては、取引相手の信用性の問題を別にすれば、自社が定める取引ロット基準に見合うか、見合わないかが取引開始の必要最低条件だからである。事実、P&G は1999年６月、EDI取引を前提として最低発注単位100ケースを充足すれば、卸、小売の区別なく取引をする「新取引制度」を打ち出したことがあった。

　近年、日本では直接流通が広範化し、流通の多段階性が希薄化する傾向にある。この動態の要因には、①小売業と比較した卸売業のパワー低下、②流通のグローバリゼーション、③プライベート・ブランドの浸透などがある。これらは主に小売業者から卸売業者が課業を奪われる「川下からの浸潤」要因である。

　経済社会が成長期にあるなら拡大するマーケットに比例する形で卸売業者の必要性も高まる。だが、それが成熟化し、ゼロサムの時代[1]に入ると、事情は変わってくる。徐々に上記の要因が卸売業者の課業を侵食してきているのだ。

　本章では、日本の流通の構造に影響を及ぼす主要な要因の明確化を通じて、顕著に現象化してきている直接流通化の動態について論じてみたい。

2 流通経路の短縮化の実態

　流通経路の長さに関して、まず構造面の動向について明らかにしてみよう。流通の多段階度を測る尺度に、W/W比率がある。これは、卸売業者の総販売額に占める「卸売業者以外への販売先」への割合がどれくらいあるかを明らかにするもので、これを使用して卸売業者間の取引度合い、つまり流通の多段階度を計ることができる。

　より具体的には、「商業統計表」（経済産業省）の卸売業のトータルの販売額から系列会社間取引の「本支店間移動」を差し引いた数値を、卸売業者以外への販売先である「小売業者向け」「産業用使用者向け」「国外（直接輸出）向け」「消費者向け」の合計数値で割ることで算出される。

　「卸売業者以外への販売先」の数値が大きくなるほど、卸売業者間の取引が少ないことを意味し、W/W比率の数値は小さくなる。そして、W/W比率が1に近づくほど、多段階度は低くなったと判断される。逆に、この数値が大きくなれば、卸売業者間の取引額が多くなったことになり、多段階性が高くなったと判断される。

　時系列的に、W/W比率の推移をみてみると、図4−1に示す通り、卸売業全体では、1976年の1.71倍、1977年の1.74倍から2007年の1.57倍、2014年の1.60倍へと、長期間で見るとわずかながら下落傾向を示し、卸の多段階度は低下してきていることがわかる[2]。

　現在では使われなくなったが、かつて流通の多段階度を測る指

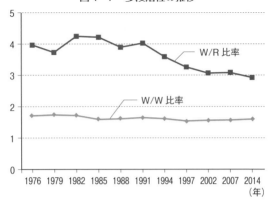

図4-1　多段階性の推移

標として利用されたものに、W/R比率がある。これは、卸売業の販売総額を小売業の販売総額で除することによって、原則一段階である小売業者の何倍卸売業者が重複的取引を行っているのかを割り出そうとする指標であった。一応、参考として、W/R比率の数値を時系列的にプロットしてみると、明確な低下傾向が見て取れる。1982年に4.24倍だったものが、2014年には2.93倍まで下落しているのだ。あくまで参考だが、流通経路の短縮化を示唆する数値とみてよいだろう。

3　卸売業者のパワー低下

　近年、卸売業者数は減少傾向を示している。「商業統計表」を使用して、卸売業の事業所数の推移をみると、1991年の約46万軒をピークに、その後若干の上下はありつつも、趨勢的には減少し、2014年には38万軒へと17％の低下をみている。これはもちろん、

1991年のバブル崩壊以降の「失われた10年、20年」といわれる景気低迷の影響を受けてのことだが、事業者規模の拡大という個体変化の側面も無視しえない。

日本の流通業の規模は、卸売業、小売業を問わず、明らかに大規模化してきている。「商業統計表」で卸売業の1事業所当たりの年間販売額の推移をみると、1972年の4億2200万円から2014年の9億3200万円へと、2.3倍へと増大している。卸売業者は確実に規模を拡大し、パワフルになっているようにみえる。

ただし、流通の段階性に関わる事実として、同時に小売業の推移を捉えておくことも重要だ。これをみると、驚くべき対照関係が浮き彫りになる。上記と同様に「商業統計表」を利用して小売業の1事業所当たりの年間販売額の推移をみてみると、1972年に1891万円だったものが、2014年には1億1920万円まで、実に6.3倍以上もの拡大をみているのである。

つまり同期間で、明らかに小売業者の1事業所当たりの業容拡大率が、卸売業者のそれを凌駕しているのだ。小売業では同数値が1991年のバブル崩壊以降も増加傾向を示しているのに対し、卸売業はまさに対照的に減少傾向が顕著なのである。

無論、これらの結果が即、卸売業者のカット、多段階性の低下、直接流通の増加を意味するわけではない。ただし、小売業と比較した卸売業の相対的規模縮小、言い換えれば相対的パワー低下、そしてもう一言踏み込んでいえば流通機関としての相対的存在意義の低下とさえも、この結果は捉えることができるのである。

4 流通のグローバリゼーション

　このような日本の流通構造に変貌をもたらした要因の1つとして、グローバリゼーションが挙げられる。かつて、野口（1999）は将来の日本の流通業界がメガ・バトルの時代を迎えると説いたことがあった。ウォルマート、カルフール、コストコ、テスコなど、破壊的な競争力を持った世界的パワー・リテーラーたちがわが国に本格的参入する2000年前後の時期である。

　日本に進出したパワー・リテーラーたちは総じて直接流通化への意欲を示した。当時の各小売企業の思惑とその後の動向に関して簡潔に論じてみたい。

4.1　ウォルマート

　ウォルマートは言わずと知れた世界最大の小売企業である。グローバリゼーションにも積極的で、2002年3月には、総合スーパーの西友と提携するという形で日本進出を表明した。同年4月の商法改正によって可能となった新株購入予約権を使い、第三者割当増資によって5月に西友の発行株式数の6.1％を取得し、傘下に収めている。その後も、ウォルマートの西友への出資比率は高まりをみせ、2005年12月に西友株の過半を握って子会社にし、2008年4月に全株式を取得して完全子会社にした。

　ウォルマートは流通合理化を図るため、継続的に効率的なネットワーク作りに邁進している。本社と店舗とをつなぐコンピュータ・ネットワークは、実に1977年に構築し、1985年には通信衛星システムを使った巨大なネットワークを組み上げている。これに

より、店舗、物流センター、さらには移動するトラックの中の商品動向までつぶさに把握できるようになった。

　このネットワークはその後、CPFR（Collaborative Planning Forecasting Replenishment）という著しく進化したシステムで活用されている。店頭での販売動向のデータは、後の需要予測に用いられ、そのデータはさらにベンダーと共有されることによって機動的な商品の計画補充が可能になっている。

　ウォルマートと取引を行うベンダーはリテール・リンクというB2Bシステムに参加することになっている。このシステムでは、生産、在庫、輸送などの詳細情報を共有することができ、データ分析、計画立案を通じて、最良の顧客サービスを提供できるのである[3]。

　ウォルマートはこのようなスマートなシステムを駆使し、売れ筋商品、死に筋商品の的確な把握に加え、非常に高精度の自動発注によって欠品および過剰在庫の回避を行っている。そして、取引量が巨大化するに伴い、卸をスキップしてメーカーとの直接流通も進め、顧客満足に向けた製販一体の協働組織を形成していった。

　ただ、日本での成果は、あまり芳しいものではない。日本的商慣行の問題もあるが、同社の最大の戦略的武器であるEDLP（Everyday Low Price）が特売（目玉商品販売）を好む日本の消費者に十分受け入れられず、かつ同社の成功方程式であるルーラル戦略のノウハウが都市型店舗の多い西友では生かし切れない状態にあるからだ。

4.2　カルフール

　カルフールは2000年の日本初出店時に、各種メディアによって

「ハードディスカウンター」「世界第2位の小売業」「流通の黒船」などと喧伝されたことにより、幕張店は多くの人々を誘引した[4]。当時、年商約6兆円、店舗数9000店超、世界27カ国に進出というフランスが誇るグローバル・リテーラーとして鳴り物入りで進出してきたのだ。

カルフールの店舗は、天井高5mと一般的な日本の総合スーパー（General Merchandise Store：GMS）に比べて明らかに高く開放感があり、メインの通路は通称シャンゼリゼと呼ばれるように幅8mの大通りを十字に切っていて、多くの来場者にカルチャーショックを与えた。

しかし驚異は、価格水準だった。開業時のフリース600円、ローストチキン790円などはまさに驚きの水準だった。同社の低価格への執着は、なんといっても「最低価格保証」に如実に示されている。わが国ではほぼ家電量販店でしかみられなかったこの種の低価格手法を同社は購買頻度の高いスーパー業態で実施したのだった。

しかし問題点もすぐに露呈した。まず、品揃えに関してトップブランドが少なく、それの特売（目玉商品販売）がほとんど行われていなかった。有名なナショナル・ブランドを好む日本の消費者には適切な対応とはいえなかった。また商品が間に合わず売場ががらんどうになる欠品状態がしばしば起こった。

これらの原因は、日本の流通構造と商慣行に対する無理解にあったといえる。カルフールは、その規模の巨大さを背景に当初からメーカーとの直接流通を要望していた。しかし取引ロットがまとまらなければ直接流通は成立しない。日本に進出した当初の数店舗での取引量はたかがしれている。直接流通が成り立つはずもなかったのだ。

そこで卸売業者の活用となるわけなのだが、ここに商慣行の壁が立ちはだかった。日本の商談は「長期的な信頼関係」を前提に「利益を共有する仲間内のすり合わせ」に近い。悪くいえば「腹芸」が横行し、目的をストレートに表現しないところにある種の美徳がある。ところが、カルフールをはじめとする流通外資は、商談の場は「バトルの場（戦場）」と位置づけ、強めの要求を発して相手の譲歩を引き出し、少しでも自分に「有利な条件」を奪取するのが定番である。このようなメンタリティを持った流通外資は、大幅な価格値引要求や、納入原価を開示させるコストオン方式の見積もりを求めてきた。当然、このような過激なスタイルは、日本のメーカーや卸売業者には到底受け入れがたいものだった。その結果、取引に応じてくれる仕入先は限定され、商品種、納入数量の限定が起こったのであった。

　結局、同社は2005年３月、日本に開業した８店舗すべてをイオングループに売却し、撤退する意思を明確にした。この原因は、日本での低業績はもとより、フランス本国での業績不振と投資効率の高い中国市場への注力などに求めることができる。

4.3 コストコ

　1990年代から流通外資の日本進出は盛んになったのだが、当初は玩具のトイザらす、スポーツ用品のスポーツ・オーソリティ、ドラッグストアのブーツのような専門店であり、総合的な品揃えを行う大型店は1999年４月に福岡県久山町に進出したコストコ・ホールセールが最初といえる[5]。

　同社が展開するメンバーシップ・ホールセールクラブという業態は、ドイツのメトロのキャッシュ・アンド・キャリーと類似しているが、メトロが原則事業者のみを対象にしているのに対し、

4　流通のグローバリゼーション　*81*

コストコは一般消費者も顧客にしている点が特徴的である。

　はじめてこの店舗を見た人は、まず間違いなく「これが小売店か」と驚くだろう。8ｍという異常に高い天井、壁も床も打ちっぱなしのコンクリート、パレットラックに雑然と積み上げられた商品、店舗施設のどこをとっても消費者への配慮は感じられない。

　この倉庫のような店内では、照明が最低限まで落とされており、いつでもほの暗い。商品の陳列と在庫は完全に一体化しており、陳列スペースにあたる下部のラックの商品が少なくなるとフォークリフトで在庫を上の棚から下ろすまさに「倉庫店舗」である。このシュールな施設では、BGMも一切流さず、販売管理費は実に8％強と極限までコストを切り詰め、徹底した低価格にこだわっている。

　メーカーとの直接流通に関しては徹底しており、それの実現のために当初の品揃えはトップブランドばかり約4200品目に絞り込んでいた。幕張店の直接流通比率は開店当初から実に85％を超えていたのである。

　このような高水準を実現するために、取引ロットも当然大きい。業務用を兼ねているのでシャンプーで2リットル容器、洗濯用洗剤では4リットル容器は普通である。メトロのように事業者向けに徹するならこのサイズでもかまわないが、一般消費者も対象に含めるならばあまりにも過大という印象である。

　この点に関して、筆者はかつて日本支社長のマイク・シネガル氏に直接たずねたことがあった。彼によれば、まとめ買いが一般的と思われている消費大国の米国でもコストコがスタートしたばかりの頃には、このジャンボ・サイズの販売に消費者側から抵抗があり、成功が危ぶまれたという。しかし、コストコのディスカ

ウント・メリットへの理解が深まるにつれ、売上高、店舗数とも拡大していったというのだ。

コストコは、地味ではあるが着実に日本市場に浸透してきているといえる。その理由は主に、低価格、直接流通、飛行機の格納場のような個性的な店舗に求められるが、筆者は「卸売業」という事業内容に最大の理由があると考えている。他の流通外資は主に「小売専業者」であるので、見栄えのよい実店舗の構築が不可欠であり、かつ取引数量がまとまらなければ、仕入規模の経済性がはたらかず、カルフールで典型的に起こったように一流ブランドを低価格で無理なく継続的に販売することはできない。

ところが、コストコは、そのメイン事業が「ホールセール・クラブ」という卸売業なので、小売販売への依存度は相対的に低く、小売店舗開設に関わる莫大な諸費用をカットすることができた。飛行機の格納場のような無味乾燥な巨大店舗も、卸売業者の「倉庫」と考えれば納得できよう。卸売業者の単なる倉庫が「入れ子」として小売販売を兼業しているがゆえに、一般消費者には他にはない個性的な小売店舗にみえたともいえる。

実態が卸売業者であるならば、小売専業者に比べ、直接流通はずっと実行しやすい。主な販売先が事業者であり、取引ロットをまとめることができるからだ。コストコがメーカーとの間の非常に高い直接流通比率を維持できているのは、このようなところに主な理由があるといえよう。

4.4 テスコ

英国が誇るパワー・リテーラーのテスコは、国内市場に陰りが見え始めた1990年代からグローバリゼーションを積極化してきている。英国では小売トップ5社による小売上位集中度が日本とは

比べものにならないほど高く、すでに市場が飽和状態だったので、新たなフロンティア市場を海外に求めたのである。ハンガリー、チェコ、スロバキア、ポーランド、アイルランド、フランスなどのヨーロッパとタイ、韓国、台湾、マレーシアなどのアジア、さらにセーフウェイとの提携によって米国にも進出している。このような流れの中で、わが国にも2000年から東京都港区に拠点を置いて事業化調査を行い、2003年にC2ネットワークを買収して、日本進出を果たした。

　同社は1924年に創設された老舗の小売業だが、常に近代化と顧客志向に励み、英国小売市場に不動の地位を獲得するに至っていた。戦略業態としては総合的な品揃えを行うハイパーマーケットのテスコ・エクストラ、中心業態でありスーパーのテスコ・スーパーストア、市街地に立地する小規模スーパーのテスコ・メトロ、コンビニエンスストアのテスコ・エクスプレスがあった。さらにネットスーパーのテスコ・ドットコムがあり、これら多様な業態で英国のあらゆるエリアに適合できるといわれてきた。

　同社の強みは徹底した低価格戦略にあった。アズダを買収して英国でも大きな成果を上げる世界一の小売業ウォルマートに比べても遜色ないロープライスを実現した。ただし、ウォルマート流のEDLPとは異なり、消費者から希望の高い少品種についてロスリーダー・セリング（おとり廉売）も行っている。

　何といっても、テスコの低価格販売を可能にする原動力がSCM（Supply Chain Management）である。同社のそれはまずサプライヤーとテスコがPOSデータを分析して販売予測を立てる。その予測データに基づいて商品の自動補充システムを稼動させるのだ。この結果、同社は店頭での欠品によるチャンス・ロスを大幅に減少させることができた。

このような卓越した経営ノウハウで日本の大手小売業経営者からも高く評価され、進出した暁には大いなる成果を上げるだろうと予想されていた。ところが、C2ネットワークが所持していた「つるかめランド」は規模が小さく、また商慣行がかなり異なるので、残念ながら日本においては上記のような強みをほとんど発揮することができず、2011年に撤退を表明し、その後フェードアウトするように日本市場を後にした。

4.5　トイザらス

　日本に進出した外資小売で1つの画期をなしたのはやはりトイザらすであろう。同社は、1991年12月、バブル崩壊の年に茨城県阿見町に進出してきた。翌年1月、当時の米国大統領であったジョージ・H・W・ブッシュが日本の市場開放、規制緩和（大規模小売店舗法）の象徴として視察し、演説を行ったのが日本トイザらス橿原店（奈良県）であった。その後、未曾有の厳しさを増す経済環境のもとでも店舗数を着実に伸ばし、日本の玩具小売業をほぼ席巻した。

　その成功は、事実上のライバル不在（小規模零細の前近代的な「商店」ばかりだった日本の玩具小売店の未熟さ）が主因だが、「EDLP」「豊富な品揃え」「垢抜けた店舗」といった近代的なリテール・マーケティングの実践にあったといえる。そしてその背後には、「直接流通」「完全在庫」といった独特の商品流通システムの構築があった。

　特売品を設けず、全品常時低価格の「EDLP」は、ウォルマートの価格政策として有名だが、トイザらすも実践していた。同社が進出する以前の伝統的な日本型玩具小売業では、値引販売はほとんど皆無だったが、同社はメーカー希望小売価格から1〜3割

引のディスカウント価格で販売を行い、人々の関心を集めた。この手法は、バブルが崩壊し、深刻な不況に瀕した日本の消費者のニーズにベスト・マッチした。

　それではなぜこのような低価格での販売が可能になるのだろうか。同社は、さまざまなローコスト・オペレーションの取り組みを行っていたが、進出当初から非常に話題になっていたのが直接取引であった。問屋を経由せず、大量一括でメーカーから直接商品を仕入れることによって規模の経済性と取引交渉面でバイイングパワーをはたらかせ、仕入価格を引き下げることができたのである。

　通常、100 m²から300 m²程度しかない街の小規模なおもちゃ屋や百貨店の玩具売場に比べ、トイザらスは標準で3000 m²の店舗規模を持ち、大型物流センター受入れの商品一括購入を行っていた。迅速なチェーン化を行い、完全在庫を実践することで、事実上、卸売機能を内蔵していたのである。

　同社は、進出当初から直接流通比率が80％を超えており、メーカー販社も広く捉えてメーカーと考えれば、直接流通比率はほぼ100％になるとのことだった。「流通外資＝直接流通＝ハードディスカウント」というイメージを日本の消費者に形成したのは、トイザらスが嚆矢であったといえよう[6]。

5　外資小売対抗を鮮明にしたイオングループ

　以上、日本市場に進出してきた大型外資小売の動向をトレースした。これを振り返ると今日、進出当初感じたような脅威はなく、市場へのインパクトもさほど感じられない。著名な専門店も、グ

ローバルな総合店も撤退か、地味な存在として細々と商売を営んでいる感じである。かつて大いに喧伝された「外資小売脅威論」は、まさに杞憂だったのだろうか。

国産小売業の業績に対する直接的なインパクトという点では確かにその通りだろう。しかし、世界に名だたるグローバル・リテーラーが参入するときの脅威、戦慄の想いは、国産小売業の対応行動に少なからずインパクトを及ぼしたといえる。

元来、直接流通は外資の独壇場といった感があったが、日本的商慣行にまみれたわが国の小売企業の中にもこの取引スタイルを積極的に取り入れようとするところがあった。

流通外資を強烈に意識したイオングループである。同グループは、外資との連携に意欲的で、1980年代から個性的な戦略をとっていた。1981年のセーフウェイ（米国）との業務提携、84年のローラアシュレイ（英国）との業務提携、88年のタルボット（米国）の買収などがあった。そして、90年代に入るとさらに加速化し、90年のボディショップ（英国）、94年のクレアーズ・ストアーズ（米国）、95年のスポーツ・オーソリティ（米国）、96年のオフィスマックス（米国）などとの業務提携、97年のルームズ・ツー・ゴー（米国）とのライセンス契約の締結など、欧米の先進流通業の導入を活発に行った。

また、外資との提携とは対照的に、「外資対抗」も前面に打ち出し、日本に進出してくる外資を迎え撃つため、積極的に規模拡大に邁進したのもイオングループであった。同社は2001年に、小売業売上高で世界の十傑に入る「グローバル10」というスローガンを掲げていた。

それの実現のためにM&Aや提携に積極的に取り組み、内部化した主要なところでもダイエー、ヤオハン、マイカル、いなげや、

カスミ、そしてカルフールなどの名前を挙げることができる。この規模拡大戦略が奏功し、業績面では2004年2月期に連結売上高でライバルのIYグループ（現セブン＆アイ）をおさえトップの座に昇り詰めている。

同グループがM&Aや提携を繰り返し、規模拡大に専心する理由は、外資が日本の小売市場に進出・普及する前に有力な市場を押さえ、キャッチアップできない図抜けた存在になることにあった。折から、①大型店出店の足枷となってきた大規模小売店舗法の撤廃（2000年5月）、②デフレ環境下で商業適地の地価下落などの追い風も後押しした。

同グループCEOの岡田元也氏は2001年5月、仙台ディストリビューション・センターのお披露目の席上、衝撃的な戦略物流構想について語った。これは、全国にある126の物流施設を統合し、2004年までに19カ所にナショナルディストリビューションセンター、ナショナルクロスドックセンター、リージョナルディストリビューションセンター、クロスドッキングセンター、プロセスセンターという5種類の物流センターを39施設作るというものであった。

重要なのは、これがメーカーとの直接流通を行うためのインフラ施設と位置づけた点で、890億円もの巨費が投じられ、完成すれば直接取引比率を70％にまで高められ、年間で140億円のコスト低減と303億円の経済効果を実現するという計画だった。これは必ずしも計画通りには進行しなかったが、着実に同グループの直接取引比率は高まっていった。

図4-2 卸売市場経由率の推移

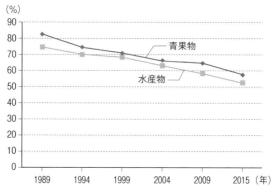

出所）農林水産省『平成29年度 卸売市場データ集』（平成30年7月）。

6 市場外流通の増加

　スーパーで主に取り扱われる生鮮食料品は、卸売市場（中央、地方）という卸売流通を経由する場合と、市場外流通という卸売市場を経由せずに小売業者が直接生産者と取引をする場合とがある。以前、青果物や水産物の場合、卸売市場経由が大半を占めていた。しかしながら近年、卸売市場の箇所数および取扱高は減少傾向にあり、図4-2に示す通り、卸売市場経由率も明らかに低下している。1989年には、青果物82.7％、水産物74.6％だったものが、2015年にはそれぞれ57.5％、52.1％へと大きく減少しているのだ[7]。

　これは、小売業者と生産者が卸売業者を通さず、直接流通する傾向にあることを示している。とりわけ大手スーパーの場合、農

産物や水産物を生産者から直接仕入れる直接取引が趨勢的に増えているのだ。この種の取引に関して、興味深い方法を開発したケースとしてイオングループの「鮮の市」がある。

同グループでは、2008年に石川県の漁協と提携し、魚類の「船一艘買い」を行った。これは、船に上がった魚類をその種類や大きさ、そして消費者の選好にかかわらず、全量一括で買い取るというユニークな方式である。

これにより、漁師は安心して漁に出ることができ、コストアップになる無駄な作業を排除できるようになった。というのは、定置網にかかる魚は通常、市場化できないような魚種であったり、サイズもバラバラであったりして、それらを海に戻す手間が必要だった。とりわけ標準化を好む日本の消費者を相手にする場合はその作業が不可欠であった。

ところが、イオンは、「標準化された魚の提供」という常識を覆し、「不揃いな魚、見慣れない魚の提供」と「より鮮度の高い魚の提供」を実現したのだ。とりわけ、「鮮度」へのこだわりは強く、水揚げされた魚は翌日までに店頭に並べられた。つまり、生産者との直接流通が、迅速な配送と鮮度のよい多様な魚群の提供を可能にしたのである。

7 プライベート・ブランドによる直接流通の進展

7.1 多様な展開

直接流通が拡大するもう1つの要因として、小売業者のプライベート・ブランド（PB）への取り組みの積極化もあるだろう。

PBとは、流通業者が商品の企画を行い、独自の仕様書を作成

して、メーカーに製造委託をしたり、自前で工場を保有して作る
オリジナル商品である。前者は、メーカーと小売業者が直接連携
を図るので、必然的に直接流通が進行する。無論、卸売業者主導
で PB が作られるケースもあるが、市場成長面からみて主流は小
売業者主導の PB なので、結果として直接流通が拡大する趨勢に
ある。

　日々の購買では、有名メーカーが作るナショナル・ブランド
(NB) が圧倒的に多いように思うが、PB のシェアは全世界的に
拡大している。国別に PB のシェア（2014年）をみてみると、ス
ペイン52％、スイス50％、英国46％、ドイツ46％と小売上位集中
度が高く生協活動が盛んなヨーロッパ諸国が総じて高くなってい
る[8]。これに対して、日本は11％と相対的に低いが、2010年の９
％からは着実に増加しており、PB が NB のシェアを確実に侵食
してきているのがわかる[9]。

　近年、日本では、次に挙げるような多様な PB の形態がみられ
る。

　①量販型 PB……GMS が自主企画したブランドである。イオン
グループの「トップバリュ」、セブン・＆アイグループの「セブ
ンプレミアム」、小売外資では、ウォルマートの「グレート・バ
リュー」、カルフールの「ルフレ・ド・フランス」、コストコの
「カークランド」などが有名ある。

　② SPA 型 PB……アパレル分野において企画、製造、販売を
一体的に実行する小売企業によって作られたオリジナルブランド
である。SPA とは、"Speciality store retailer of Private label
Apparel" の頭文字をとったもので、米国大手アパレル小売の
GAP が1984年に開発した製販一体の業態のことで、日本では
「製造小売」と訳されている。スペインの「ZARA」、スウェーデ

7　プライベート・ブランドによる直接流通の進展　*91*

ンの「H&M」、そして日本の「ユニクロ」などがこれに当たる。

③専門型PB……ホームファーニシングや日用品といったように商品種を限定した小売専門店の独自ブランドである。家具を中心に扱う「イケア」や「ニトリ」、主に日用品を扱う良品計画の「無印良品」などが有名である。上記のSPA型PBもこの専門型PBの範疇に入るものといえるが、SPAはアパレル小売に特化した専門用語なので、ここでは別立てで記しておく。

④単一価格型PB……多岐にわたる商品群をカバーする単一価格のストアブランドのことである。代表企業は、いわゆる「100均」と通称される、独自商品をリーズナブルな単一価格で提供する「ダイソー」「キャンドゥ」「セリア」などである。

7.2 PBの軌跡

近年、明らかにNBと比較してPBのウェイトが増し、結果として直接流通が拡大している。数量面だけでなく、過去のPBと近年のPBとでは、その内実がかなり異なってきている。どのように変化しているのか、その動向を知るための手がかりとして、PBのこれまでの軌跡を概観しておこう。

欧米に比べてPB普及度が低い日本においても、その誕生は意外に古い。1959年には、大丸百貨店が「トロージャン」という同店オリジナルのスーツを世に出している[10]。

この翌年には黎明期のスーパー業界から早くも食品PBが誕生している。1960年にダイエーは缶詰の「ダイエーみかん」を開発した。当時、海外では米国のシアーズ・ローバックが後方統合に積極的に取り組み、メーカーすら下請けにして低価格の商品を消費者に提供していた。その流れに触発され、日本でも同様のことを実現しようとしたのが低価格志向のダイエーであった。

92　第4章　直接流通化の動態

小売業者の PB 開発の動機は、なんといっても製造段階まで踏み込むことで、コスト管理ができる点にある。メーカーに対し、製品の原材料や製法にまで注文を付けることで、低コスト化を可能にし、消費者の求める低価格を実現することができる。消費者ニーズを肌感覚で知悉する小売業者がモノづくりの領域まで進出することは、理論的には価格、品質の両面でメリットがありそうだった。

　だが、衣料品や食料品のような機能的に単純なモノは、「製造」の素人である小売業者も注文を付けやすく、オリジナル商品の開発が容易だが、家電製品のような機能的に複雑なモノの場合は、小売業者が詳細な仕様書を作成してメーカーに発注することはまず不可能だった。それゆえこの種の製品では、メーカーの提案する基本モデルにマイナーチェンジを施し、それに小売業者独自のネーム、マーク、ロゴ、パッケージなどを付けるというスタイルをとるのが一般的であった。つまり、PB には、製品カテゴリー面で向き不向きがあったのである。

　初期の PB はお世辞にも「上等」とはいえないものが少なからずあった。筆者は1980年代にあるチェーン店が出した PB の粉石けんを購入して失敗を経験している。価格の安さに釣られて買ったその粉石けんは洗濯機の中に入れると、溶けるどころか固まってしまい、まったく汚れが落ちなかったのだ。そのとき、「安かろう、悪かろう」という伝統的な購買価値観を思い浮かべ、二度と PB など買うまいと心に決めたものだった。

　品質と価格との葛藤は PB の宿命で、その発展過程はどこも似たような紆余曲折をたどっている。PB 先進国の英国ではセインズベリーがより低価格の商品選択肢の提供として積極的に PB に取り組み、1970年代には同社総売上高の55％を占めたこともあっ

たが、その後消費者が離反し業績が落ち込んでいる。また、米国でも1977年から81年までPBのミニブームがあったが、1982年からは明らかに下火となり、全小売上高に占めるPB比率も16.8％から13％まで下落している（The Economist 1988）。

　興味深いことに、PBの歴史を振り返ると、強い脚光を浴びたのは必ずといっていいほど「不況期」であった[11]。上記の通りPBは、小売業者が製造コストの管理ができるので、低価格性を実現しやすく、不況期にこそその本領を発揮した。NBと比較した「割安感」や「お買い得感」をアピールできたからである。

　実際、ダイエーが家電PBの「ブブ」（1970年）を発売し、ジャスコ（現在のイオン）が食品PBの「j/food」（74年）を開発したのは1970年代の不況期である。さらにオイルショック後の不況期にダイエーは、「ノーブランド」（78年）を出している。

　また、円高不況が進行した1980年代には、ダイエーが一世を風靡した「セービング」（1980年）を世に送り出し、ニチイが「生活発シリーズ」（84年）を、ジャスコが「シンプル・リッチ」（85年）を発売している。

　さらに、バブル崩壊後の1990年代前半のいわゆる「デフレ不況期」には、西友が「ユーネス」（1993年）を、そしてジャスコが現在最もポピュラーなPBとなった「トップバリュー」[12]（94年）を開発している。この時代あたりからPBの品質水準は明らかに高度化し、同種NBと比較したコスト・パフォーマンスの良さが認識されるようになった。

　その後、「いざなみ景気（2002～2007年）」のような景況の小康状態もあったが、2006年頃から米国で表面化したサブプライムローン問題、そして世紀の経済的大津波「リーマンショック」が2008年に勃発して、日本も深刻なデフレ不況にみまわれ、PBが

94　第4章　直接流通化の動態

本格的に展開するターニングポイントを迎えた。

　容赦なく断行されるリストラ、賃金カットは消費者のサイフの
ひもをこれまでになく堅くさせ、身を切るような景気後退が一方
では先行きの不安に備えた貯蓄に走らせ、もう一方では「生活防
衛」のための低価格シフトを高めた。このような過酷な状況下で、
セブン＆アイ・ホールディングスが今日の中核 PB である「セブ
ンプレミアム」を発売したのが、2007年5月のことである。

　ただし、これ以後の PB はそれ以前のものとは明らかにその性
格が異なってくる。確実に質的な向上がみられるようになったの
だ。過去の PB は総じて、マイナーなイメージが付きまとい、価
格は類似の NB に比べて明らかに低水準で、無論それを「ウリ」
にしていのだが、品質はそれ相応だった。少なくとも品質面に敏
感で、イメージ性を重視する日本の消費者一般を満足させるもの
ではなかった。

　ところが、「セブンプレミアム」以降に開発された PB は明ら
かに品質の向上が見て取れる。セブン＆アイ・ホールディングス
やイオングループなど大手流通企業が提供する PB は、有名 NB
と比べて遜色ない水準、あるいはそれ以上の域まで到達している。
その結果、今日では、過去にはなかった PB に対するブランド指
名買いまで起こっているのだ。

7.3　小売業者が PB に取り組む前提条件

　小売業者が積極的に PB 開発に取り組む理由は上記の通り、不
況下でよく売れるということであった。深刻な景気低迷期には、
消費者がコスト・パフォーマンスの良さをシビアに求めるので、
買得感のある PB がよく売れたのである。

　そして、PB が価格を低く抑えることができた理由は繰り返す

通り、小売業者自身が商品作りの現場に踏み込み、使用する素材
や製法などのコスト・マネジメントができたためだ。

　だがそれだけではなく、いま1つの理由がある。

　それは、直接流通のメリットを享受できたからだ。PBは、小
売業者とメーカーが直接コラボレーションして作る商品である。
それゆえ、流通システム上、必然的に中間流通をカットすること
ができる。もちろん一定規模以上の取引数量の発注が絶対条件と
はなるが、それが満たせるなら、中間流通業者にかかる諸コスト
を完全にカットすることが可能だ。

　取引数量をまとめるには当然、巨大な販売機構を内蔵したチェ
ーン・システムが前提になるが、さらにそれの前提になるのが消
費者ニーズへのマッチングである。消費者のニーズに合致した商
品価値を創造できなければ一定規模以上の販売数量は見込めず、
結果として中間流通カットのメリットは得られなくなるからだ。

　近年のPBは、これらの厳格な前提条件をクリアして、厳しい
消費市場に浸透し、有名NBをも脅かす地位を築いてきたのであ
る。

7.4　一流メーカーがPBを作る理由

　さて、それでは消費者ニーズにマッチしたPBの高水準の商品
価値はどのようにして創造できたのだろうか。これにはさまざま
な理由があるが、小売サイドの要因としては、① POSをはじめ
とする購買動向のスキャニング・システムにより、消費者ニーズ
を計量的に正確に把握できるようになり、そのデータを科学的に
分析し、PB開発に生かせるようになった、②小売人材の質的高
度化により、「モノづくり」への深い関与ができるようになった、
③大手小売企業のバイイングパワーが増し、PBの品質やコスト

に関して鋭い要求をメーカーに突き付けられるようになった、などである。

　しかし筆者は最大の要因として、製造を担うメーカーの変質と分業化があったと考えている。過去の PB の製造は、小売業者の下請けに甘んじることができる中小規模の無名メーカーが担っていた。ところが、現代の PB は誰もが知るような大手一流メーカーが担当する場合が少なくない。PB 製造を担当するメーカーに大きな変質があるのである。これにより、品質的にも、イメージ的にも NB と比較して遜色ない PB 商品が創造できたのである。PB の製造業者が一流メーカーなら、できあがった PB の商品価値も一流になる。

　それではなぜ近年の PB は大手一流メーカーが作るようになったのだろうか。一見すると NB メーカーが PB の製造に着手すれば多様なデメリットがあるように思われる。1 つは上記の小売業者の下請けに甘んじなければならないプライドの問題である。ひとたび下請けメーカーというレッテルが貼られたなら、企業としてのコーポレート・ブランドが低下する恐れすらある。

　また、それ以上に深刻なのが「カニバライゼーション（共食い現象）」だ。NB メーカーが同種の PB を作り、その割安性から売上高が伸びてしまえば、当然の帰結として自社の NB の売上高が食われる可能性が高くなる。マーケット全体のパイが縮小過程にある日本の消費市場では、この種のカニバライゼーションが起こる確率は高く、NB メーカーにとって収益減となるリスクは大きい。

　しかしながら、このようなリスクを犯しても近年、大手メーカーがあえて PB 作りに勤しむ理由には次のようなものが考えられる。

　1 つは、小売業者が完全買取をしてくれるという点だ。PB は

7　プライベート・ブランドによる直接流通の進展　97

小売業者からのいわゆる「特注品」であるため、一般に返品がない。生産した分だけ、必ず買い取ってもらえるのだ。現代のように不透明性の高い時代に生産ラインを有効稼働でき、確実に売上と利益がとれる PB の受注・生産は大手一流メーカーにとっても非常にありがたいことなのである。

いま1つの要因がコスト低減だ。PB の場合、メーカーはプロモーション・コストをほとんど負担する必要がない。通常、新規の NB を売り込む際にはテレビや新聞などのマスメディア使用料が多額にのぼる。NB の原価構成をみると、プロモーション・コストはだいたい3割から4割を占めている。だが PB は小売業者の独自ブランドになるので、メーカーはこの種のコストをほとんど負担する必要がないのだ。

7.5 新次元の PB

Keller, Dekimpe and Geyskens（2016）が指摘するように、現代の PB は、低品質・低価格の商品ではなく、品質およびイメージ面において NB と遜色なくなっている。日本においても、特に量販店の PB 開発では大手一流メーカーとのコラボレーションは当り前となり、質的向上が顕著である。そして、それはさらに新次元を迎えてきている。

2014年夏、筆者は当時、セブン＆アイ・ホールディングス代表取締役会長兼 CEO であった鈴木敏文氏と対談を行った[13]。テーマは、「上質の価値追求がブルーオーシャンを実現する」という大変興味深いもので、主に同社が開発している PB に関して議論を交わした。

席上、同氏は他にはない上質の「新製品を作る」ことによって、消費者満足を高めることを強調しておられた。この発言はちょっ

98　第4章　直接流通化の動態

とした驚異だった。筆者は長らく PB の研究を行ってきたが、このような表現に接したことがなかったからだ。

というのは、小売業者とは本来的に「再販売」を主な課業とし、メーカーが製造したモノを分類取揃えて、最終消費者に小口販売する事業者と考えていたからだ。無論、小売業者の PB への取り組みに関しては書籍（野口 1995）も出して熟知しているものの、「新製品作り」が小売戦略の最前線に位置するものという認識はなかった。ところが同氏は、あたかもメーカーのように「これまで世に出ていない新製品をいかに創造するか」という点に、戦略的な力点をおいていた。

もちろん、消費者ニーズにマッチした独自商品の開発ができれば、NB ばかりを並べるライバル小売との同質的競争を回避し、ブルーオーシャンを切り拓くことができる。それゆえ、この「新製品を作る」という発想はきわめて斬新であり、まさに時代は大きく変わったな、と感慨深いものがあった。

わが国の PB の軌跡は既述の通りだが、質的側面に焦点を当てて、その変遷をたどると、大きく 3 段階に分けることができると考えている。これを仮に「C-D-E 理論」と名づけておこう。

第 1 段階はチープ（C）の時代で、徹底的に安さにこだわり、それを訴求した時代である。量販店において1960年代に発売された PB は、「安かろう、悪かろう」との印象が強く、値段が低くともお買い得感を得られるようなものではなかった。かえって値段の安さが品質の低水準をイメージさせていた。製造しているメーカーも小売業の下請けに甘んじる無名の中小零細事業者だったので、品質やイメージに敏感な日本の消費者のニーズに適うものではなかった。

第 2 段階はディスカウント（D）の時代である。バブル崩壊後

7　プライベート・ブランドによる直接流通の進展　**99**

の1990年代初頭になると、可処分所得が減少し、消費者の財布の
ひもが堅くなった。とはいえ、バブル期に品質面で「良いもの」
を経験・学習した消費者が低品質の商品に甘んじることはできな
い。ある程度高い品質水準を維持しながらも、リーズナブルな価
格を求めるようになった。このようなわがままな消費者ニーズに
応えるべく登場したコスト・パフォーマンス志向のPBが「ディ
スカウント型PB」である。これは品質的には、第1段階のよう
に低レベルのものではなく、NBと同程度のレベルを維持しなが
らも、価格はそれよりも3割から5割ぐらい低いというものだっ
た。パッケージも有名なNBをまねたものが多く、悪くいえばイ
ミテーションのような商品だった。

　ところが2007年以降、品質の面でも価格の面でも、これまでの
PBの常識を打ち破る革新的な商品が登場した。これが、第3段
階のエクセレント（E）の時代と筆者が位置づけるものである。
この時代の象徴となるPBが、セブン＆アイ・ホールディングス
の「セブンプレミアム」であり、「セブンゴールド」である。

　とりわけ後者は、さまざまな意味で型破りであり、まさに新次
元のPBと呼ぶに相応しいものであった。たとえば「セブンゴー
ルド　金の食パン」は、実勢価格で1斤250円もした。これは有
名パンメーカーの定番商品の価格の倍かそれ以上の水準だった。
もちろん以前から、高価なプレミアムPBというものは存在して
いたが、セブンゴールドほど高価格でありながらも消費者から支
持され、ブランド指名買いまでされる商品は存在しなかったとい
える。

　NBよりずっと高価でもヒット商品になる理由は、その差別的
な品質の良さとそれを支える製造プロセスの分業化にある。同グ
ループでは、徹底的に商品の質にこだわり、この商品でなければ

体験できない差別的なベネフィットを消費者に提供したのだ。

　D段階のPBは品質がまずまずの水準まで向上したが、それはあくまでNBの代替品でしかなかった。ところがセブンゴールドは、その品質の上質性がNBを凌駕し、高価でありながらも売れる、それどころか、かえってその高価性が高品質イメージを醸成するものであった。まさに小売業者が「製造業者」として、一流メーカーのNBと品質面で真正面から勝負し、それに打ち勝つ「ブランド・エクイティ」を創造したのであった。これが「新次元のPB」と、筆者が表現する所以である。

　このような高度な品質を作り上げるために、セブン＆アイ・ホールディングスは日々の最終消費者への肌感覚での販売経験や高度情報システムから逐次上がってくるデータなどを駆使したマーケティング・リサーチを行っているのはいうまでもない。だが、それを実現するうえでライバルにはみられないオリジナルな取り組みも行っている。それが「PB製造の分業化」である。たとえばカップ麺を例にとると、通常みられるような単独のメーカーに製造委託をするのではなく、麺のメーカー、スープのメーカー、具材のメーカーにバラバラに委託する。つまり、委託された各メーカーはそれぞれの強みを生かすような形で「部品」の生産を行っているのである。

　セブン＆アイ・ホールディングスは、メーカーのベスト・ミックスを行うことによって品質面での分業のメリットを引き出し、消費者ニーズに合致した最良の商品作りを行っているのである。これは、単独のメーカーでは実現できなかったまったく新しい価値の創造を行っているといえる。ちょうど、自動車メーカーが、タイヤ、ガラス、カーエアコン、カーオーディオなどの部品生産を専門メーカーにアウトソーシングしているのと同じ構図である。

7　プライベート・ブランドによる直接流通の進展　　*101*

無論、このような部品委託形式での独自商品の開発は、小売業者とメーカーとの間の厚い信頼関係があってはじめて成立するものである。鈴木氏は、各メーカーに最高の商品を作っていただければ、自分たちがそれを確実に売り切ると断言したという。つまり、事業者間の信頼と実績のもとで、このような商品開発プロセスが成り立っているのである。まさに高次元の直接流通の関係、Win-Win の関係が成立しているのである。

　最先端の PB は、小売業者と多くの大手メーカーとが直接流通関係を結ぶことによって、NB をも凌駕するこれまで誰も手にしたことのない上質の「新製品」を創造したのであった。

8　結　語

　本章冒頭にも記した通り、直接流通はあくまでも 1 つの取引形態であり、条件が整わなければ成立しない。ただし、その条件をクリアできる小売業者ならば、多様なメリットを手にすることも可能だ。非常に素朴なところでは中間業者のカットによる流通コストの低減がある。この結果として、小売業者は低価格での商品の提供が可能になるだろう。

　また、直接流通はメーカーと小売業者が密着化することにより、商品の発注から到着までのリード・タイムを短縮できる可能性がある。中間業者カットによる物流の高速化によって、小売店舗内でのチャンス・ロスの回避を期待できる[14]。

　それ以外にも、直接流通には、旧体質で不透明といわれる日本的商慣行を排除することによって生じるメリットがあるだろう。直接流通では、たとえば「返品」のバッファーとして機能する卸

売業者が存在しないため、事業当事者間での取引数量や原価意識が高まり、無駄のないシビアな仕入・販売がなされることになる。このような取引の厳格化の結果、取引コストは圧縮され、小売価格はよりリーズナブルなものに変化する可能性がある。

　時代は、直接流通化を促す方向へ動いているようにみえる。

■ 注

1）成長の止まった限定されたマーケットのパイの争奪戦の時代。

2）ただし、近年、この数値は上昇基調にあり、多段階度が増しているともいえる。

3）ウォルマートは、早いうちから取引の電子化に取り組んでいる。このあたりの詳細に関しては、野口（2002）を参照のこと。

4）千葉県企業庁の調査によると、カルフール幕張店では12月8日のオープニングから同月末までに75万人の来店があった。1日当たり3万1000人超の来店ということになり、ほぼ同時期に同地に進出した米コストコの同6800人を大きく上回っている。

5）スーパー業態では1995年に香港を本拠地とするデイリー・ファームが進出しているが、わずか3年で撤退しており、さほど大きなインパクトを持つものではなかった。同企業も直接流通を希望していたが、カルフールと同様に日本的商慣行の壁に阻まれた。

6）トイザらスが進出した当時、玩具小売が未熟で単独の小規模店しかなかった日本では、同社の豊富な品揃え、低価格、垢抜けた大型店舗、チェーン経営などはきわめて斬新かつ魅力的で、瞬く間に成長を遂げた。そして、その実態はその後もさほど変わっていない。ところが、本国（米国）では、ディスカウントストアのウォルマートやEC（Electronic Commerce）のアマゾンに押され、同社の業績は悪化し、2017年に破産申請を行い、18年についに清算となった。

7）この数値は、農林水産省『平成29年度　卸売市場データ集』(http://www.maff.go.jp/j/shokusan/sijyo/info/attach/pdf/index-34.pdf) を参照した。

8）これらの数値は、PLMA（Private Label Manufacturers Association）の "Private Label Today 2018"（https://www.plmainternational.

com/industry-news/private-label-today）を参照した。ちなみに、米国のPBシェアは18%（2014年）であるが、これは、Nielsenの"The State of Private Label Around the World: World Where It's Growing, Where It's Not, and What the Future Holds November 2014"（https://www. nielsen. com/content/dam/nielsenglobal/kr/docs/global-report/2014/Nielsen%20Global%20Private%20Label%20Report%20November%202014.pdf）を参照した。

9）PLMAの報告書では日本の数値が抜けていたので、ヨーロッパ最大のPBメーカーであるMcBrideによる日本の推計値（2015年）を掲げた。参照したサイトは"Growing in developing and emerging markets"（http://www.mcbride.co.uk/leadership-in-private-label/growth-markets）である。

10）1990年代までのPBの歴史的な変遷については、野口（1995）を参照のこと。

11）これはあくまでも日本市場における筆者の見解であるが、日本だけでなく海外でも、景気後退期にPBの購買が積極化する事実が認められている。Hoch and Banerji（1993）はより緻密な分析・解釈を行い、景気後退期にはメーカーはコストのかかるメディア広告を控えることでNBの売上高が低下したり、対照的に小売業者が消費者の低価格志向を見込んでこの時期にPBの積極投資をするがゆえに、結果としてPBの売上高が増加すると解釈している。

12）当時の「トップバリュー」は、2000年3月からは「トップバリュ」と音引きを入れない名称に変更されている。

13）これは同社が、四半期ごとに発行している『セブン＆アイHLDGS. 四季報』という冊子の巻頭企画にお招きを受けてのことである。

14）リード・タイムの短縮効果に関しては、卸売業者に一日の長があるとするのが一般論である。しかし、やり方次第ではこのような効果も想定できる。

第5章 小売業の発生と展開

1 はじめに

　新しい小売業態の発生および展開はどのようにしてなされたのだろうか。本章では、主に環境との関連を視界に収めながら、史的変遷を跡づけてみたい。これにより、小売業態進化のメカニズムを探る糸口が得られると筆者は考えている。

2 生産力の高まりと小売の発生
行商と市場

　最終消費者に商品を販売する行為を「小売」と規定するが、これは事業者間の再販売行為である「卸売」とは比較にならないほど古い。第2章で論じたように、弥生時代中期には、「生産・小売一体者」による「行商」がみられた。この種の小売形態が発生した背景には、市場の拡大、生産の集中化と分業の進展がある。人口増によりモノの需要が高まり、それに応じる形で生産の集中

化が行われるようになると、地理面および技量面での優位性が明確になってきた。この生産力の格差が、交易のメリットを生み出したのである。

交易の担い手として発生した行商は実店舗を持たないいわゆる「無店舗小売業」だが、世界史的にみて、取引の物的な空間である原始的な「市場（trade center）」の発祥は、現在のトルコ共和国に位置するカタル・フユク（Catal Huyuk）に求めることができるという（Jones and Shaw 2006）。

それは、実に紀元前7500年頃のことだ。こんな太古から「実店舗小売業」があったのかと驚くばかりだが、人口の多い都では、市場が開かれ、人々は多様な物品を入手していたのである。ただし、古代の市場は、現代の常設型とは異なり、定期市に近かった。

常設店舗が誕生したのは、西暦2世紀、古代ローマのトラヤヌス・フォーラムにおいてだった。トラヤヌス皇帝の命を受けた建築家アポロドスが、112年に創り上げた壮大な複合建造物には、「トラヤヌス市場」と呼ばれる多数の小売店舗群がひしめくスペースが内包されていた。この市場は実に4フロアにも及ぶ巨大なもので、これが常設小売店舗の最初のケースであり、小売集積であるがゆえに世界最古のショッピングモールともいわれている（Coleman 2006）。このような小売施設は、人口の増加と原始レベルでの都市化の進展を背景に誕生したといえる。

ただし、このような巨大な小売施設は、現代のようにあちこちに存在したわけではなく、あくまでも皇帝陛下の肝いりでできた希少かつ象徴的なもので、一般の小売取引は市場や市（fair）、そして行商人を通して行われていた。Mill（1909）によれば、縁日のような宗教上の祭礼の際に年1、2回しか開かれない市は、次第に月に1回は訪れる行商人に取って代わられたという。とりわ

106　第5章　小売業の発生と展開

け、都の市場から地理的に離れた農地や高地などの住民にとって、戸口訪問してくれる行商人は空間面、時間面の距離を埋めてくれるきわめて便利な存在で、商品流通の重要な役割を担っていた（Casson and Lee 2011）。

　上記の通り、常設の小売店舗は2世紀（西暦112年）にはみられ、その後（10世紀以降）、ギルド的小売（手工業者商人）が常設型の原始専門店を構築したが、本格展開したのは13世紀以降のことである（Braudel and Reynold 1992）。その理由は次第に人口が増加し、かつ都市化が進展してきたことと、市場や市は開催頻度が少なく、消費者の購買利便性の面で難点があったからだ。

3　業態店の出現
よろず屋

　小売店舗は一般に、「業種店」と「業態店」に大別できる。前者は取り扱う商品カテゴリーの異質性により色分けられた店である。上記のギルド的小売は、まったく異質のカテゴリーの商品を扱うことはなかったので、業種店であった。

　ところが、17世紀になると、「業態店」の萌芽がみられるようになる。「業態店」とは、百貨店やコンビニエンスストアのように、取り扱う品目ではなく、営業スタイルの異質性に基づいて分類された店である。この時代にみられた営業スタイル面の1つの特徴が品揃えの拡大であった。たとえば進歩した常設店では、衣類と一緒に香辛料を取り扱い始めたという（Cox and Dannehl 2007）。商品カテゴリーの拡大である。自己生産していないものを営利を目的に取り揃え、再販売するという行為は、まさに専業者としての「小売業者」の商行為である。

やがて、取扱商品カテゴリーが総合化することによって、確固とした「業態店」である「よろず屋」が誕生することになった。農村地域への人口流入と増加が顕著になったからである。当業態の出現により、消費者は近隣でのワンストップショッピングが可能となり、購買利便性が大幅に向上した。この業態はその後、郵便局、カフェ、宿泊所などのサービス施設も併設し、近隣の消費者にとって不可欠な社会施設へと進化していった[1]。

　一方、経済の発展、都市化の進行によって、大都市の中心部では、洗練された専門店が誕生した。それは、かつての原始専門店とは商品の品質面および品種面で異次元の高水準を誇るものであった。そして、それらは集積することで、アーケードを形成していった。フランス・パリに1784年に開かれたパレ・ロワイヤルは、専門店だけでなく、サロン、カフェ、娯楽施設等も備えた複合施設で、貴族階級や中産階級の談笑や憩いのニーズにも応えたという（Paquet 2003）。それゆえ、このアーケードは、近代ショッピングモールの先駆けといわれている。

4　近代小売業態の誕生
百貨店

　19世紀になると、よろず屋より遥かに洗練された業態店が大都市に登場することになった。それが、「百貨店」である。この業態の起源は、1852年にフランス・パリに開業したボン・マルシェに求めるのが一般的だが、光澤（1990）は1846年、米国ニューヨークに設立のA. T. スチュワートを挙げている[2]。確かに年号をみれば、ボン・マルシェより古く、彼は米国の小売業を研究対象にしているのでこのような見解になったのであろう。ここでは、

108　　第5章　小売業の発生と展開

厳密な起源論争をするのが本旨ではないので、この新業態の中身を明らかにしていきたい。

　当業態誕生の背景には、産業革命以降の大量消費社会の形成と歩調を合わせた大都市部への人口集中と輸送インフラの整備があった。パリ、ニューヨークといった大都市部には国の重要な機関や民間の施設が集中化し、人々に利便性と賑わいをもたらした。また、鉄道馬車の敷設が人々の大量輸送を可能にした。このような魅力的なエリアに、多様なニーズを有した多くの消費者に適合する小売ビジネスモデルとして百貨店は誕生したのである。それは、①品揃えの総合化、②取引条件の適正化、③店舗規模のアップスケールによって特徴づけられる[3]。

　①の品揃えの総合化は、日本語訳の「百貨店」という言葉が如実に語っているように、多様なカテゴリーの商品を総合的に品揃えする状態を意味する。英語では、"Department Store" であり、多様な商品をそれぞれの商品部門ごとに精算する店という意味である。この点が、総合的な品揃えという意味では類似した「よろず屋」との決定的な違いで、百貨店は取り扱う商品種も莫大で、店舗規模も巨大なため、商品の精算は部門ごとで分散的に行うという営業スタイルをとったのである。

　②の取引条件の適正化も、「よろず屋」と一線を画す重要な要素である。「よろず屋」は商品に価格表示を行わず、客との間の相対（交渉）で取引価格を決定していた。また、支払いは現金払いではなく、掛け売り（ツケ）が標準だったので、交渉力の強い人間がより有利な取引条件を引き出すことができた。それゆえ、「よろず屋」では、買物は日常的なものを含め、すべて男性が行っていたという[4]。

　ところが対照的に、百貨店では、定価販売、現金精算が販売政

4　近代小売業態の誕生　　*109*

策としてとられていたので、老若男女が、交渉不要の同一価格で、安心して商品を購買することができた[5]。ここから、近代的小売業の条件として、取引の平等性と店の信頼性が導かれよう。加えて、重要な取引条件として低価格性も挙げられる。ボン・マルシェでは、商品の大量仕入、高回転を実現し、低価格での販売を可能にした。実際、同店舗では、地下の搬入部分を除いた全スペースを売場とし、商品在庫をなるべく持たないようにしていた。これらの取り組みにより、一般の小売商より2割から3割のディスカウントを実現したという（江尻1979）。

③の店舗規模のアップスケール性は、都市化と大量消費社会の成立に大いに関わっている。当業態が大都市に巨艦店を構えた理由は、大都市に流入する人口が激増する過程で、大量の潜在顧客を誘引し、大量販売を目論むことができるからであった。当時、大量消費社会が形成されつつあり、大量生産の体制と歩調を合わせられる大量流通機関が求められていた。そのような社会的な要請に応えたのが、百貨店という巨大小売だったのだ。

5 インフラ整備による革新的小売業の台頭
通信販売

「通信販売」は、通信インフラ、物流インフラ、そして印刷インフラ等の高度化により本格化した革新的小売業である。

カタログ販売の原型は15世紀末にはみられ、イタリアのアルドス・マヌチス（Aldus Manutius）は1498年に書籍カタログを作成し、配布していた。また、1667年にはメールオーダーが始まり、英国のウィリアム・ルーカス（William Lucas）は種子カタログを顧客に郵送していた。前者のマヌチスの書籍カタログ（購入可能

書籍リスト）は、手書きのパンフレットで、郵便制度が不十分だった当時、それは街の市（fair）で配布されていたという[6]。

通信販売が本格的な展開をみせたのは、19世紀に入ってからである。ティファニーが『ブルーブック』という北米初の通販用カタログを作成したのは、1845年のことであった。しかしながら、同社は実店舗と通信販売での併売であり、いわゆる兼業者であった。

通信販売の最初の専業店は、1872年に登場したモンゴメリー・ウォードである。同社の創始者であるアーロン・モンゴメリー・ウォードは、卸売企業のバートリッジのセールスマン時代に、米国西部の農村の買物問題に遭遇し、後の通信販売業の着想を得た[7]。問題の原点は、よろず屋の価格水準にあった。農民に対するほとんど唯一の商品供給機関であるよろず屋は当時、小売販売の地域独占状態を反映してきわめて高価格で商品を販売し、農民を困惑させていた。ウォードは生産者から商品を大量に仕入れ、それを農民に直接販売すれば、よろず屋よりもずっと安い価格で商品を提供できると考えた。

当業態の飛躍的成長には、インフラ面での追い風が強くはたらいていた。米国では1869年に、ユニオン・パシフィック鉄道とセントラル・パシフィック鉄道がつながって大陸横断鉄道が完成し、それ以後、多くの路線が開通することで、物流面でのインフラが整った。また、1862年に郵便輸送サービスが大幅に拡充され、大陸横断鉄道の開通と同じ1869年に、鉄道郵便サービスが開始された。さらに同時期、グレンジャー運動という農民保護の社会運動が興り、農民たちが商品を低価格で入手できるカタログ通販を支持したことも幸いした。

同運動の役員が、モンゴメリー・ウォードのカタログに推薦文

5　インフラ整備による革新的小売業の台頭　*111*

を掲載するといった肩入れをみせることで、当業態の利用度が高まったのであった。

当業態のメリットは、主に①多様な品揃え、②商品入手の利便性、③低価格にある。この小売形態は無店舗小売業なので、実店舗が抱える売場スペースの制約を受けることなく多様な品揃えをなすことができた。モンゴメリー・ウォードも開業当初こそ、わずか用紙1枚の商品リストだったが、すぐに大部のカタログを作成するほど多品種を取り扱うようになった。また、農村の買物問題の解決に、当業態のメリットが端的に集約されている。19世紀当時、狭隘な小売チャネルに悩んでいた農業者らは、多様な商品を自宅まで低価格で届けてくれる新チャネルに高い利便性と経済性を感じ、積極的に利用したのであった。

6 人口変動が生み出した魔法の手法
チェーンストア

通信販売は確かに革新性を有していたが、商品と消費者との間に地理的ギャップがあるので、即時的需要に応えられず、商品を実見できないといった問題を内包していた。

これらの問題を克服するには、消費者の近隣に分散的に立地するリアルの小売店舗が不可欠だった。とりわけ人口の増加、鉄道網の充実などでターミナル駅周辺に形成された新興の地方都市では、その必要性が強く意識されるところとなった。

そして登場したのが「チェーンストア」である。これは、「小売」を標榜しながら、内部に強力な卸売機構をビルトインした新種の流通組織である。中央集権的な管理や仕入を担当する「本部」と、ほぼ小売販売に専念する多数の「チェーン店」から構成

される。各チェーン店は、表面的には標準化された中小店でしかないのだが、居住地近隣に多店舗展開し、商品を低価格で販売することにより、トータルで巨額の経営成果を得ることができた。

　この流通方式の先鞭を付けたのは、1848年に英国ロンドンで鉄道書店を開業した W. H. スミスといわれている[8]。鉄道マニアのための低価格本『イエローブックス』を武器に、多くの鉄道駅へ出店していった。同社は鉄道駅に密着した特殊形態だが、より一般的な店舗形態の最初は、1859年に多店舗化を始めたグレイト・アメリカン・ティー（食品。後の A&P）である[9]。その後、ウールワース（バラエティストア）、クローガー（食品）、J. C. ペニー（バラエティストア）など、続々と登場し、20世紀初頭以降、当業態は活況を呈した。

　第2章でも述べた通り、筆者はこのネットワーク組織を流通史上最高のイノベーションと捉えている。その理由は、①中小店と大量仕入の止揚、②大企業化の実現、③オリジナル商品の開発、にある。①に関して、チェーン本部は多数のチェーン店に並べる商品を集約化して大量一括仕入を行い、その結果として大幅なボリューム・ディスカウントを得ることができた。

　なるほど、大量仕入によるコスト・メリットは、百貨店でも、通信販売でも得られた果実である。だが、チェーン組織の場合、単店舗主義の百貨店よりも仕入規模が大きく、また実店舗を消費者の近隣に立地させることによって通信販売では得がたい商品の即時入手と実見を可能にした。つまり、この流通組織は中小店経営と大量仕入という生来的な矛盾を統一的に解消したのである。

　また②に関して、この流通組織は、標準化された小売クローンを大量に出店させることによって大きな経営成果を手中に収めることができた。とりわけフランチャイズ・チェーンの場合、土地

6　人口変動が生み出した魔法の手法　*113*

や人材の確保がほとんど不要なため、短期間で飛躍的な成長を遂げることが可能になった。事実、コンビニエンスストア最大手のセブン-イレブンの店舗数は2014年の1年間になんと1247店もの激増を記録している。チェーン化は、まさに大企業化のための魔法の手法といえる。

この成果が③につながる。チェーン組織は強力なバイイングパワーと、消費者に直に接しているという情報パワーを背景に、モノづくりの領域まで足を踏み入れることになった[10]。自己の仕様に基づいたオリジナル商品（PB商品）をメーカーに製造発注することにより、商品のコスト・マネジメント力を手に入れ、低価格でありながらも十分な粗利を取れる魅力的な手法を獲得したのだ。

7 生みの親は大恐慌
スーパーマーケット

元来、小商いの小売業を大企業に変身させるチェーン経営という魔法の手法は、その後、多様な業種、業態に応用され、細分化していった。その1つがスーパーマーケット（スーパー）である。われわれの消費生活に不可欠な生鮮食料品を主に取り扱うこの業態は、チェーン経営の高成果を父に、そして未曾有の大不況を母にして誕生した。

当業態の起源も、ジョージ・アルバート・ラルフスが1873年に開業した「ラルフス」、クラレンス・サンダースが1916年に開業した「ピッグリー・ウィグリー」、マイケル・カレンが1930年に開業した「キング・カレン」、さらにはロバート・オティスが1932年に開業した「ビッグ・ベア」等、諸説がある。しかし、こ

の業態の特性である「セルフサービス」「低価格」「ワンストップショッピング」のパーフェクトな具備を条件とするなら、マイケル・カレン創業の「キング・カレン」が当業態のルーツと考えるのが適切だろう。

当業態の際だった特性の1つはなんといっても、「セルフサービス」である。これは、それ以前の実店舗にみられた店員による消費者への接客サービスを排し、さらに商品の店内運搬や包装[11]といった本来、店員がなすべき小売業務を消費者に転嫁することでローコスト化を実現した。人をほとんど介さない店舗の無機質的イメージから、導入初期の日本では「スーと入って、パーと消えるからスーパーだ」などと揶揄された。しかし、この無気質性がこの業態を成功に導いた側面も無視しえないと筆者は考えている。消費者は、店員への挨拶や日常会話、そして購買した商品を知られることにずっと心理的抵抗感を抱いていた。「購買のプライバシー性」を守り、ストレス・フリーを実現してくれるセルフサービスという特性に、消費者は強い好感を抱いたのだった。

特性の2つ目が低価格である。当業態では、上記の人件費カットに加え、チェーン固有の大量仕入と大量販売を行い、高商品回転と低マージンにより、衝撃的な低価格を実現した。実際、当時のマージン率を比較すると驚きである。独立小売商が40%、そして通常のチェーンストアが25%であったのに対し、スーパーはわずか9%だった（佐藤 1974）。1929年に米国を襲った大恐慌がキング・カレンを誕生させたのだから当然のこととはいえるが、可処分所得の激減した人々にとって、基礎物資を低価格で提供してくれるこの業態はまさに神であったといえる。

特性の3つ目は、ワンストップショッピングである。スーパー

7　生みの親は大恐慌　*115*

では、スクランブルド・マーチャンダイジングという1店舗内に多様な商品を並べる品揃えを行った。品揃えのメインはもちろん生鮮食料品だったが、それ以外にも化粧品、医薬品、タバコなどを扱い、顧客のワンストップショッピング・ニーズを満たした。専門店との違いは、必需性の高い商品の総合的な品揃えにあり、そのメリットを十分に生かすため商品部門ごとの棚段の管理を行った。

　当業態はその後、店舗規模を拡大し、品揃え面でも衣料品、家電品、家具なども取り扱うようになり、総合スーパー（GMS）へと拡大路線をとるところが出てきた。元は通信販売の専業者であったモンゴメリー・ウォードやシアーズ・ローバックなども、無店舗小売業にのみ依存することに危機感を覚え、リアル店舗の展開を積極化し、やがて GMS へと成長を遂げていった[12]。

⑧ タブーと規制が発展を促した革新的小型店
コンビニエンスストア

　コンビニエンスストア（コンビニ）の起源からみていこう[13]。1927年にテキサス州ダラス（旧オーククリフ）で創業した氷の製造販売会社サウスランド・アイス社は、氷の時期的な売れ行きの変動性と、その結果としての雇用の不安定性に頭を悩ませていた。このような問題点を克服するため、同社は営業曜日の開発を行った。当時の小売商は一般に、日曜日は休業していた。それはキリスト教の主日で、教会に礼拝に行く神聖な日だったからだ。ところが、サウスランド社はこの聖なる習慣を逆手にとり、夏期にはあえて一般の小売商が休む日曜日に営業（つまり週7日営業）を行った。また、1日16時間という長時間営業を行うことで、ライ

バル小売の営業時間外で成果を得るようになった。時間面のニッチ市場を開拓したといえる。

さらに、マーチャンダイジング面でも斬新な試みを行っている。氷は、商品の特性上、季節的に夏には売れるが冬には売れない、時刻的に昼には売れるが夕方以降は売れないものだ。このような時間面でのデメリットを克服するため、販売責任者のジョン・ジェファーソン・グリーンは本社の承諾を得て、ミルク、パン、卵などのグローサリーグッズを売り始めた。無論、片手間の取り組みで専業のグローサリーストアに敵うわけがないが、日曜営業、長時間営業という一種のタブーに挑戦することで、同社はブルーオーシャンを見出したのである。

その後、大恐慌の荒波を被り、1932年には自己破産の危機にも瀕したがなんとか存続し、1946年には店舗の名称を「7-Eleven」に変え、年中無休、午前7時から午後11時までの長時間営業で、消費者に購買の利便性を提供し、成長を遂げた。

コンビニ大国日本では主に規制面、消費者の購買スタイル面でこの業態の発展を後押する要因が強力にはたらき、異常ともいえる躍進をみた。1973年11月にイトーヨーカ堂がサウスランド社とライセンス契約を結び、翌年5月に東京都江東区豊洲で1号店が開業した。イトーヨーカ堂がこの業態に注目した理由は2つある。1つは、大規模小売店舗法による大型店の出店規制だ。1960年代後半から大型店が新規出店しようとすると、出店候補地の地元商業者が強く反発した。同法は一応、届出制という建前になっていたものの、基本が大型店の出店を抑制する商業調整法なので、地元商業代表が参加する商業活動調整協議会の合意が得られないと出店はできないという仕組みになっていた。

結審までの出店調整期間は4、5年かかるのは当たり前で、

1986年に静岡にオープンしたイトーヨーカ堂は、実に9年もかかっている。このような足枷があると、大型店サイドはビジネスチャンスを逸してしまうし、消費者利益も増進しない。そんな厳しい出店環境にあった大手小売が、新たなビジネスモデルとして着目したのがコンビニだった。この新業態は居住地の近隣に分散立地する売場面積300 m^2にも満たない中小規模の店舗だったので、大規模小売店舗法の規制を受けることはなかった。

いま1つの注目理由は、当業態の米国での成功だった[14]。後にイトーヨーカ堂およびセブン-イレブン・ジャパン代表取締役会長兼CEOを務めた鈴木敏文氏は、1960年代末に社員の海外研修の責任者としてカリフォルニアを訪れた際、スーパーを小型にしたような店に遭遇した。それが、「7-ELEVEN」だった。食料品と雑貨を品揃えしたその店は当時、全米に4000ものチェーン店を誇っていたのだ。鈴木氏は、スーパーやショッピングセンターが発達した米国でも、小型店が成功するビジネスモデルがあり、それを日本に移植できれば中小店と大型店が共存共栄できるモデルを示すことができると考えた。

コンビニは、とりわけ小口当用買いを行う日本人には不可欠の業態となっている。また、営業時間の制約も日本は、米国よりも受けにくい。日本人は宗教意識が欧米ほど高くないので日曜日も躊躇なく営業ができるからだ。そして、なんといっても米国とは比較にならないほど治安がよいので夜間営業での好成果が得やすい。

これらの事情からコンビニは、日本において大いなるサクセスストーリーを描くことになった。

9 物価高騰に敢然と挑んだ業態
ディスカウントハウス、ディスカウントストア

　第二次世界大戦後、米国では復員兵が帰国し、住宅需要が高まりをみせた。それに誘発された多様な物品需要の膨張により、物価水準は著しく高騰した。そんな時代に、ディスカウントでの販売は、可処分所得の限られた消費者の琴線にビビッドに響く手法であった。

　無論、ディスカウント販売自体は、上述の小売業態の多くが採用してきた顧客吸引の重要な戦略手法である。しかし、低価格化のレベルも、それを生み出すバックシステムのローコスト化の取り組みも徹底した業態が「ディスカウントハウス」であった。「極限的低価格の実現」というただ一点に執着したこの業態は、1948年、ユージン・ファカウフによって開発された。それは、ニューヨーク・マンハッタンにわずか37㎡の屋根裏部屋（ロフト）からスタートし、店名をE. J. コーベットといった。

　同店舗のローコスト化の方法論は、①接客サービスを行わない、②店の内外装をほとんど行わない、③品質劣化の起こりにくい耐久財（家電品、鞄等）を主に扱う、④都市から郊外へつながる幹線道路沿いに出店する、⑤会員制をとる、などであった。これらの取り組みにより、同店の商品価格は、一般的な小売商よりも10%から40%も安かったという[15]。

　ディスカウントハウスは、1960年代初頭から多様な展開をみた。そのメインストリームは、チェーン化した総合型のディスカウントストア[16]である。奇しくも1962年に、ウォルマート、ターゲット、Kマートが誕生し、低価格と多様な品揃えで米国消費者に

強く支持され、巨大流通企業へと成長を遂げていった。中でも、ウォルマートは、前章でも述べたように客寄せの目玉商品を作らない「Everyday Low Price（EDLP）」政策と、主に中小規模都市に出店する「ルーラル」戦略でずば抜けた成果を上げ、加えてディスカウンターであるにもかかわらず非耐久財（生鮮食料品）を品揃えたスーパーストアを開発し、世界最大企業に君臨している（2017年時点）。

　また、もう1つのストリームが、「専門ディスカウントストア」である。これには、アウトレット、オフプライスストア、カテゴリーキラーなどがあるが、特筆されるべきはカテゴリーキラーである。この業態は、限定されたカテゴリーの商品を網羅的に品揃えし、なおかつ低価格で販売するいわゆる「専門大店」である。多様化、個性化し、不況下でコスト・パフォーマンスに鋭敏な消費者のニーズにベスト・マッチした業態といえる。

　海外では、家電のベストバイ、アパレルの GAP などが有名で、特に1970年代以降、脚光を浴びた。やや遅れて日本でも、家電のヤマダ電機、カジュアル衣料のユニクロなどが、品揃えの豊富さと低価格性で消費者の支持を受けた。

　さらに、ドラッグストア（例：ウォルグリーン）やホームセンター（例：ホームデポ）も、それぞれ薬店や金物店がアップスケールしたカテゴリキラー（専門大店）と捉えることができ、豊富な選択肢と高いコスト・パフォーマンスの提供で現代消費者から強い支持を受けている。

10 郊外化で誕生した集積型小売
ショッピングセンター

　ショッピングセンターは、外部のテナントを集積させて作り上げられた商業施設で、内部には専門店、百貨店、スーパーなど多数の小売業態を擁している。それゆえ、単一の小売店とは異質で、いわゆる「業態」とは考えないという見方もある。だが、百貨店やGMSも少なからず複数のテナントを内包しており、集積の魅力を消費者にアピールする場面が多々あるので、筆者はショッピングセンターも1つの業態と捉えている。

　当業態が本格展開し、ブームとなったのは、1970年代からである。米国では、1950年代から道路網の整備が進み、モータリゼーションの普及によって、米国民は高いモビリティを得ていた。一方で、大都市圏では、交通渋滞、公害、スラム化などの環境・社会問題が生起し、そのような状態を嫌悪した富裕層が居住地を郊外へ移す「郊外化」という現象が起こり始めていた（野口2004）。

　この人口移動に関心を持った不動産会社（ディベロッパー）は、郊外の富裕な新住民をターゲットにした商業施設を構築することになる。それは、「小売業者」が自然発生的に寄り集まった商店街とはまったく異なり、「不動産会社」が商圏ニーズの緻密なリサーチと分析、そして周到な計画性に基づいて行ったテナント・リーシング[17]によって構築した近代的な商業施設であった。利用者は、一箇所で必要商品がほぼすべて揃うワンストップショッピング性を満喫することができるようになった。

　ただし、この小売形態はその源流をたどると意外に古く、米国最古といわれるミズーリ州カンザス・シティのカントリー・クラ

表 5-1　環境変化と小売業態の発生

		主要な環境変化					
		生産の高度化分業の進展	人口増都市化	人口増都市化	農業人口増	経済発展都市化	大量消費社会 大都市部への人口流入 輸送インフラの整備	通信インフラ整備 物流インフラ整備 印刷インフラ整備
業態類型	無店舗小売	行商						通信販売
	集積小売		市場・市			ショッピングアーケード		
	専門小売			常設型原始専門店				
	総合小売				よろず屋		百貨店	

注　1 ）業態の特性をわかりやすくするため、表側のように 4 つに類型化した。
　　2 ）ここでは、スーパーマーケットは生鮮品の専門小売に分類している。

ブ・プラザができたのは、1922年のことである[18]。ショッピングセンターは大まかにオープンエア型とエンクローズ型に分けられるが、これは前者のスタイルで、各小売店の建物はスペイン風の建築様式をとり、アートや噴水も欧州テイストだった。

　しかし、巨大な箱の中でテナントが軒を連ねるエンクローズド・モールの最初は、ミネアポリス市エディーナのサウスデール・センターである。こちらは1956年に開業している。上記の通り、1950年代の米国は、主に都市のスラム化により富裕層の郊外移動が始まった時期で、それに合わせて小売施設も郊外へと移転を始めたが、全国的なレベルでこの形態がブームとなったのは1970年代に入ってからである。百貨店や GMS をアンカーテナントとし、50店から100店の専門店を配した「 2 核 1 モール」が主流となった。この当時、業態面で衰退傾向を示していた百貨店は、新たな商業集積の「アンカー（核）」という絶好のポジションを

主要な環境変化						
地方都市化 チェーン方式の発見	大恐慌 チェーン方式の応用	規制	物価高騰	人口の郊外化 モータリゼーション 消費多様化	不況 消費多様化	通信インフラ 物流インフラ
						EC （ネット通販）
				ショッピングセンター		
チェーンストア	スーパーマーケット		ディスカウントハウス		カテゴリーキラー	
		コンビニエンスストア				

得ることにより復活を遂げたのである。

 主要な環境要因の抽出

　新業態の発生・展開を促した主要な環境要因を抽出したものが、表5-1である。業態横断的にそれぞれの中身を明らかにしてみよう。

　①人口動態……この表をみると、人口の増加や都市化、郊外化など、人口動態が新業態の発生・展開に深く関わっていることがわかる。古代の市場、常設型原始専門店、ショッピング・アーケード、百貨店などは都市への人口集中によって誕生した。また、集中だけでなく、分散によっても新業態が生まれている。よろず屋は農村地域の人口の増加によって、ショッピングセンターは大

都市からの富裕層の郊外移動が契機になって生まれた。

②インフラ整備……インフラの整備も新業態の誕生に大いに関わっている。百貨店の誕生には、鉄道馬車網という輸送インフラの確立が寄与している。しかしなんといっても典型は、通信販売である。19世紀になされた通信インフラ、物流インフラ、印刷インフラの三位一体の整備によりこの革新的小売業は誕生した。この進化形であるECも、インターネットという新たな通信インフラの構築により生起した。

③景況……景況は消費者の可処分所得に直接関わるもので、これの変化が新業態誕生の発端になることがある。生鮮食品の低価格販売を可能にしたスーパーを生み出したのは大恐慌であった。そして、究極の低価格を実現したディスカウントハウスの生みの親は物価高騰である。対照的に、人々の所得水準が上昇した大量消費社会で百貨店が生まれている。また、ここでは取り上げていないが、日本のバブル景気（1986〜1991年）のときには、超がつくほどの高級ブティックが流行していた。

④消費多様化……経済成長により、人々の生活が質的に高度化すると、次第に商品のディテールにこだわるようになった。これが消費多様化で、このようなニーズを充足する代表業態がショッピングセンターである。単店舗ベースでみると、大都市に流入する多様な消費者に総合的品揃えで応えた百貨店、専門カテゴリーの商品を網羅的に品揃えしたカテゴリーキラーも、消費多様化の動向に適応した業態といえる。

⑤イノベーション……小売ビジネスにおいてイノベーションの影響はきわめて大きい。既存のパラダイムを激変させるからだ。行商は「集中生産」という原始レベルのイノベーションによって興った。また、繰り返す通り、流通史上最高のイノベーションは

124　第5章　小売業の発生と展開

チェーン・オペレーションの開発である。これにより、消費者密着型の中小店が大量仕入のメリットを享受し、低価格販売を行いながらも多店舗展開で巨額の経営成果を上げ、大企業化の道をたどることができるようになった。

⑥規制……新業態の発生・展開に規制も大いに関わっている。有意なイノベーションはパワフルではあるが強制力が弱く、事業者によって採用・不採用の判断が分かれてしまう。だが、規制には個々の事業者の判断が入り込む余地はなく、ほぼ一律に制約小売業態の発生を受ける。新業態開発において、法規制ではないが、宗教上の戒律でできなかった日曜営業というタブーに挑戦して成功した業態がコンビニである。当業態は日本でも、大型店規制によってチャンス・ロスを余儀なくされた大手流通企業の戦略的突破口として取り組まれ、驚異の成長を遂げた。

12 結 語

小売業態の発生および展開の歴史をたどると、環境要因がいかに大きな影響力を持っていたかがわかる。次章では、これらのファクトをふまえ、これまでに提示されてきた主な小売業発展の理論を批判的に検討することを通じて、小売業態進化のメカニズムを探っていきたいと思う。

■ 注

1) このような利便性の高い営業スタイルからよろず屋を草創期のコンビニになぞらえる見解もあるが、当時のよろず屋は現代のコンビニ以上に、人々の包括的ニーズを充足する必需性の高い存在だった。

2）米国の草創期の百貨店として有名なのは、1858年創業のニューヨークのメイシーズ、1861年創業のフィアデルフィアのジョン・ワナメーカーなどである。

3）その他、飲食店やイベントコーナー等の小売販売以外の施設の充実も当業態を特徴づける要素として挙げられるが、この種の要素はフォーラムやショッピング・アーケード、そしてよろず屋やショッピングセンターにもみられたので、ここでは割愛する。

4）「よろず屋」の前近代的な取引方法については、Atherton（1971）を参照のこと。

5）日本の三越は、1683年の時点ですでに「店前現銀無掛値」（たなさきげんきんかけねなし）をスローガンに挙げていて、正札販売を行っていた。同社によると、これは世界初だそうである。出典は、三越伊勢丹ホールディングスのホームページ「三越のあゆみ」（http://www.imhds.co.jp/company/history_mitsukoshi.html）である。

6）この記述に関しては、Divya Pahwa, "This Old Marketing Tool Will Give You an Explosive Advantage," Medium, Aug 15, 2014 （https://medium.com/@pahwadivya/the-history-of-the-catalog-b5334841e941）を参照した。

7）このあたりの経緯については、徳永（1992）が詳述している。

8）同社のホームページの小史 "History of WHSmith"（http://www.whsmithplc.co.uk/about_whsmith/history_of_whsmith/）に、この起源が記述されている。

9）光澤（1990）は、紅茶、コーヒーの販売に専業化した1864年をもって「創業」としている。しかし、筆者は多店舗化した1859年をスタートと考えている。

10）とりわけ佐藤（1974）は、「小売業の産業化」というキーワードで、小売業の大規模化と生産主導権の掌握を主張している。

11）今日の米国ではサッキング（袋詰め）サービスがよくみられるが、日本ではほとんどみられず、顧客は自分でレジ袋に入れる。これは小売労働の顧客への転嫁である。

12）米国でいう GMS（モンゴメリー・ウォード、シアーズ・ローバック、J. C. ペニー）は、日本でいう GMS（総合スーパー）とは異なり、食料品は取り扱わない。その意味で、日本の方が総合的（General）

だといえる。

13）セブン−イレブン誕生までの経緯に関しては、株式会社セブン−イレブン・ジャパンのホームページ「セブン−イレブンの歴史」（http://www.sej.co.jp/company/history/）を参照した。

14）イトーヨーカ堂の「7-ELEVEN」との出会いや提携交渉の苦難については、鈴木（2008）を参考にした。加えて、セブン＆アイ・ホールディングス発行の『四季報』（124号、2014年）誌上における鈴木敏文氏と筆者の対談の際にも、貴重なご指摘をいただいた。

15）E. J. コーベットの価格に関しては、一般商店の3分の1だったという指摘もあるが、筆者は信憑性の高い次の記述を参考にした。Douglas Martin, JUNE 6, 2012.（http://www.nytimes.com/2012/06/07/business/eugene-ferkauf-founder-of-e-j-korvette-chain-dies-at-91.html）

16）ちなみに、単体での安売り店をディスカウントハウスと呼び、チェーン化した低価格流通組織をディスカウントストアと規定している。

17）商業施設内への出店者の誘致業務のことを指す。

18）ここ以降のショッピングセンターの記述は、筆者が2006年から2008年まで客員研究員としてスタンフォード大学に在籍した際に行った調査研究の結果に基づいている。

第6章 小売業態進化の理論

1 はじめに

　小売業態の発生や展開を説く理論（仮説）は比較的多く、多彩と評してよいだろう。本章で紹介、検討するが、「小売の輪」「アコーディオン理論」「真空地帯論」のように、命名も個性的で魅力的なイメージがある。だが、伝統的理論の多くは、新業態の発生に関して、メカニズム面の一般論的解明ではなく、目立った現象の単純なサイクルのみを描写したものであったり、哲学的、観念的色彩の強いものであった。

　本章では、この種の問題点を克服するため、筆者独自の理論仮説を提示したい。なお、著名な伝統的理論については、その理論仮説を論じる過程で随時、紹介、評価していくことにする。

2　業態進化の根本問題

　小売業態の発生および展開のメカニズムを解明するうえで、筆者が最も有効と考えるのは、生物学の進化論である。これは後述する通り、古典的進化論ではなく、現代の進化生物学および複雑系理論に主に依拠するものだ。

　生物の進化を説明する理論には、非常に有名なダーウィンの進化論があり、それは社会科学でも多方面で応用されてきた。流通論の分野でも、Dressman（1968）がそれを小売業の環境適応行動に援用している。彼は、小売業が環境の変化を受けやすい存在と捉え、消費、競争、イノベーションなどの変化に最も効果的に適応できる個体が繁栄し、サバイバルできるとした。これは、進化論でいう「自然選択（適者生存）」を小売業展開の基本原理に据えたもので、突発的な環境変化が小売業者の適応的なサバイバル・プロセスを経て、「新業態」を生み出すことを示唆しているといえる。

　環境変化の影響は間違いなく新業態の発生をもたらすうえで見逃せない要因であり、筆者もその重要性を以下で繰り返し強調する。だが不思議なことに、さほど強い環境圧のかからない平時でも新業態が生まれることがあるのだ。なぜこのような現象が起こるのだろうか。また、自然選択は小売業一般を支配し、過酷なサバイバルを強いるものなのだろうか。伝統的理論は、こうした諸点に十分応えてはくれないので、これとは違ったアプローチが必要と思われる。

3 新業態発生のメカニズム

3.1 環境変化がなくとも業態進化は起こる

筆者は、新業態の発生のメカニズムが次の1〜6段階のプロセスで進行していくと考えている。

【第1段階：表現型の変化】

最初に、小売分野での「表現型」という概念を明確にしよう。筆者は「多様な店舗属性およびバックシステムから構成される消費者の認知上識別可能な店舗の個性」を「表現型」と捉えている[1]。

新業態の分岐は、まずこのような「表現型」の変化からスタートすると思われる。

いつまでも業績が向上し続けたり、安定状態を保っている成長・安定型の小売業ならこの「表現型」の変化は起こりにくい。しかし、常に環境は変化し、ライバルは台頭する。たとえ、そのような事態を迎えることのない無風状態にあったとしても、いずれ時の経過とともに業態や店舗施設自体が老朽化（成熟、衰退）し、業績は自然に低下してくる。

このような時間経過に伴う小売業の消長を説く理論に、「小売ライフサイクル論」がある。これは、Forrester（1959）の「製品ライフサイクル論」を小売業の展開に応用したもので、提唱者のDavidson, Bates and Bass（1976）によれば、小売業も時間経過とともに、「イノベーション」「成長」「成熟」「衰退」といった4つのステージをたどることになるという。この理論の優れた点はライフサイクル曲線を用いた業態年齢の明示とそれに基づく予測性

にある。彼らは、たとえば、ダウンタウンの百貨店のピーク（成熟期の頂点）までの期間は誕生後約80年、バラエティストアは45年、スーパーは35年とし、論文発表当時まだ成長期にあったホームセンターのピークを15年と推定していた。

これらの数字からも明らかだが、時代を経るに従って小売業態のライフサイクルが短縮化しつつあることを彼らは指摘している。Burns *et al.*（1997）によるその後の研究では、ライフサイクルはさらに短縮化傾向にあり、1980年代以降に登場した新業態はだいたい４、５年で成長鈍化がみられるという。

業態が「成熟」、あるいは「衰退」のステージを迎え、明らかに消費者からの人気の離散が顕著になると、小売経営者は業績の低迷を打破するために、とりあえず目玉商品を作ったり、店舗のファサードを刷新したり、品揃えの個性化を図ったりといった比較的軽微な店舗属性の変更に取り組み、延命を図ろうとする。ところが、小売業者の中には、このようなマイナーチェンジにくみすることなく、抜本的に業態の変更、新業態の開発に取り組むところが出てくる。それが既存業態とは真逆の形で登場すると論ずる理論がある。

これは、「弁証法的進化論」と呼ぶべきもので、Gist（1968）によって提唱された。この理論では、小売業の進化が「定立（thesis）」「反定立（antithesis）」「総合（synthesis）」という弁証法プロセスにそって展開するとする。より具体的には、百貨店という既存業態をテーゼとし、それが成熟化してくると、百貨店の方式を否定するディスカウントハウスのような新業態がアンチテーゼとして台頭する。そしてこれで終わりではなく、この後のプロセスで百貨店は「無視」か「対抗的追随」かの選択を迫られることになる。ところが、「無視」を選択して現状維持をしても、成

熟期にある既存業態の業績の改善は見込めないのが通常である。そこで、既存業態（このケースの場合、百貨店）は、消費者ニーズの高い店舗属性を部分的に取り込むことになる。つまり結果として、これらを止揚するジンテーゼとしての新業態、たとえば、ディスカウント百貨店が誕生するというのだ。

この理論の肝は、たんに循環論的に再帰するのではなく、ジンテーゼという形で「いいとこどり」をした新たなテーゼ（新業態）が誕生する点にある。ここには明らかに、業態の内実に関わる進化が見て取れる。同理論は、網羅的であり、一般性を志向するものであって、学問的に価値が高いといえる。

しかしながら、哲学的、観念的な色彩が強く、小売業態進化のメカニズムに関して要因レベルで分析的とはいえない。新業態分岐がいつ、どのような要因の影響によって起こるのか、といった重要かつ詳細な関心事については十分答えてはくれないのである。

以上から、経済、社会・文化、政治・法律、技術、自然などの環境要因の大きな変化がない状態にあっても、小売業は消費者と直に接し、ライバルや自己の業績動向（業態ライフサイクル）を意識して常にゆらいでいる。そして、そのゆらぎ、せめぎ合いの中から「表現型」の変異がみられることがあるのだ。

蓋然性は低いが、このミクロ・レベルの表現型の変異が消費者から支持され、業界内に蔓延することで、やがてパラダイム化し、新業態の分岐へと連なることがある。ドラッグストア、ホームセンターなどが典型だろう。これらは発生の経緯から、「ゆらぎ分岐」といえる。

ただし歴史的事実に鑑みると、「ゆらぎ分岐」の可能性は低く、「新業態分岐」は、大きな環境変化が襲ったときに明瞭に起こっている。そこで、ここに環境変化を明示的に組み込んだ新業態の

3　新業態発生のメカニズム　　*133*

分岐モデルが要請されることになる。

3.2 環境要因の重要性

【第2段階：大きな環境圧の影響】

　小売業も、多様な環境に取り巻かれており、否応なくその圧力を受けることになる。前章で、新業態の発生・展開を促した主な環境要因として、①人口動態、②インフラ整備、③景況、④消費多様化、⑤イノベーション、⑥規制を抽出した。小売業は、これらの「環境圧」を受け、業態面での変化を迫られることが多々ある。

　ここでは、既存の著名理論と関係の深い3つの環境圧と新業態分岐との関係について明らかにしてみよう。

⑴　不況はディスカウント業態の母

　小売業は言うまでもなく経済活動であり、経済環境の変化は、新業態の分岐に少なからぬ影響を及ぼしてきた。最も単純かつ明瞭なパターンは、不況期のディスカウント業態の登場である。不況期には消費者の可処分所得が減り、買物コストの低減ニーズが高まるので、それに対応したディスカウント業態が誕生しやすくなる。大恐慌直後に登場したスーパーマーケットがその典型だが、ディスカウントハウス、カテゴリーキラー、アウトレットモールなども主に「不況」を母として誕生している。

　この現象を説明するうえで一考に値する理論がある。人々が求める「廉価性」が新たな業態分岐を生み、そこには周期性があるとする著名な説だ。McNair（1958）の「小売の輪（wheel of retailing）」である。これは筆者なりの解釈では、①参入、②高評価、③同質化、④トレーディング・アップ、⑤参入という5つのプロセスの循環的サイクルで成り立っている。これらの回路を説明し

134　　第6章　小売業態進化の理論

てみよう。

①参入……まず、新規に市場に参入する小売業者は、知名度がなく、信頼性も低いので、衆目を集めるために「低価格」をウリにする。それを実現するために、低コスト、低マージンを徹底し、結果として、低サービスになる。

②高評価……このような低価格を武器にした新参者は、当初、同業者から誹謗や中傷を受けるが、低価格を望む消費者からは支持され、その支持の輪が拡大することによって、やがて優れた革新者として高い評価を受けるようになる。

③同質化……しかし、このような一人勝ち状態を放置するほど市場は甘くなく、やがて模倣者が増加し、市場は同質化して、かつての革新性は色褪せる。

④トレーディング・アップ……そこで、他店との差別的優位性を打ち出すために、店舗設備を充実させたり、高品質の商品を品揃えしたり、サービスの質を高めたり、店舗立地をダウンタウンにしたりと、店舗の高質化を図ることになる。これがトレーディング・アップという「格上げ」過程である。

⑤参入……この段階では、店舗のステータスは十分高まっているものの、同時に価格も、コストも、マージンも参入当初よりずっと高くなっているため、衰退期直前の成熟期の段階にあるといえる。市場がこのような成熟、あるいは爛熟状態にあると、そのスキマをねらって、再び低価格を武器にした新たな革新的小売業者が市場に参入するというのである。

これら一連の動きが、輪廻のような回帰パターンを取り続けるので、「小売の輪」というのである。

確かに、新業態が低価格を武器に小売市場に参入するという現象は、百貨店、通信販売、チェーン・スーパー、ディスカウント

ハウス、アウトレットモール、カテゴリーキラーなど今日も存続する有力業態にみられ、妥当性があるようにみえる。しかし、低価格を武器にしない有力業態（コンビニエンスストア、ショッピングセンター、自動販売機など）も少なからずみられ、理論としての斉一的な現象説明力に欠けている。

また、たとえば、「不況」のような環境要因への考慮がなく、新業態の誕生メカニズムを、ディスカウントとトレーディング・アップという小売戦略面の振り子的相反関係で捉えることは単純にすぎると思われる。

(2) 新業態は人口変動で生まれる

現代はアマゾン、Yahoo! ショッピング、楽天市場、ZOZO TOWN などのネット通販全盛の時代とはいえ、これまでに誕生した多くの小売業は立地型の実店舗なので、新業態の発生は、多分に人口増やその移動動向に依存してきた。

19世紀後半、大都会に登場した百貨店がその典型である。都市への人口集中が、品揃えの総合化を行った巨艦店のビジネスモデルを可能にした。このケースのように、人口集中したばかりの場所には総合的な品揃えをした業態が発生することが多い。市場・市、ショッピング・アーケード、ショッピングセンターなどでもみられた現象だ。

ただし、人口変動による新たな小売業態の発生は、総合業態に限定されない。この要因は、専門業態の発生にも関わっている。常設型の原始専門店は都市化によって興り、チェーン型専門店は鉄道敷設によるターミナル駅周辺に形成された中小都市の勃興によって分散立地した。

新業態の発生を説明する理論の中には、上記のような小売店が取り扱う商品種の幅に着目し、そこに一定の再帰的サイクルを見

出したものがある。それは、「アコーディオン理論」といい、Hollander（1966）によって命名され、精緻化されたものである。小売業態の展開メカニズムを解明するうえで参考になるので、ここに紹介しておこう。

当該理論によれば、小売業態の動態は、時系列的に品揃えの拡張過程と収縮過程を交互に繰り返すという。たとえば、よろず屋（総合業態）、専門店（専門業態）、百貨店（総合業態）、ブティック（専門業態）、ショッピングセンター（総合業態）といった具合だ[2]。その変動パターンが楽器のアコーディオンの振幅のようにリズミカルなので、アコーディオン理論と名づけられている。

ただ、ホランダー自身が指摘していることだが、この理論は、その根幹にある小売店の品揃え水準に関して有効な時系列データがなく、実証されていない。さらに、品揃えの「拡張－収縮」をもたらす動因の解明が脆弱といえる。ホランダーは、拡張過程が小売業者の利益機会の拡大と消費者の1店舗ですべてが揃う利便性等の認識で進行し、収縮過程が既存専門店の保守的意識（専門性に徹したい、品揃え拡大による新たな競争を回避したいという気持ち）や消費者の高質化（所得および需要の増加）などによって展開するとみているようだが、必ずしも明瞭ではない。それゆえ、たとえば筆者がここで明示したような人口変動とのメカニズム的関連性が不明確なのである。

(3) 真空地帯を切り拓くイノベーション

イノベーションは、劇的に世の中を変貌させる威力を持つ。小売業態の発生、展開においてもその影響度はきわめて高く、集中生産による行商の誕生はもとより、チェーン・システムの開発による小売の大企業化にそれが如実に示されている。

新業態の開発には、イノベーションを担うイノベーターの存在

3　新業態発生のメカニズム　　*137*

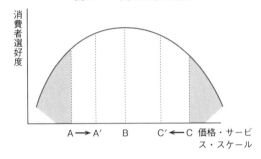

図6-1 真空地帯の出現

注) 左右の網掛け部分が真空地帯を表す。
出所) Nielsen（1966）の作図に若干の修正を行った。

が不可欠である。伝統的理論の中にも、彼らを誕生させるメカニズムを一般論的に明らかにしたものがある。Nielsen（1966）の提唱した「真空地帯論」である。これは、小売業態に対する消費者の選好分布を基盤に据えている。横軸に価格・サービス・スケールという個々の小売店舗の業態特性（店舗属性の組合せ）をとり、縦軸にその業態特性に対する消費者の選好度をとると、おおよそ図6-1のような山型の選好分布曲線を描くことができる。

この曲線の頂点に位置する（最も消費者選好度の高い）店舗をBとし、それより選好度の相対的に低いA（Bの左側）とC（Bの右側）がプレーヤーとして存在するとする。このような状況下では、Aも、Cも消費者からの高選好を求めて、それぞれA′、C′へとB寄りに業態的な位置を変えることになる。すると、移動する前のAの左側と、同様にCの右側にこれまでより大きな消費者無対応ゾーンが広がる。このゾーンがいわゆる「真空地帯」で、ここに斬新な店舗属性をウリにしたイノベーターが登場するというのだ。

3.3　螺旋型進化モデルを考える

【第3段階：評価ポテンシャル曲線の変動】

　小売業は上記をはじめとする多種多様な環境圧を受け、それに主体的に対応した結果として新業態の創造へ至ると考えられる。ただし、単に一店舗が小手先レベルの店舗属性や顧客対応を変更しただけでは新業態分岐とはいえない。多くの消費者から支持される「表現型」の画期的な変化がみられ、追随者が出てマクロ・レベルで自己組織化し[3]、パラダイム化しなければならない。このパラダイム化がなければ、「表現型」の大変化があったとしても、それは「一過性の奇形」で終わってしまう。以下では、「一過性の奇形」ではない新業態（新種）の分岐となる臨界点、およびそこに至るメカニズムを明確にしてみたい。

　前提として、筆者は小売業態が図6−2(a)「螺旋型進化モデル」に示すような時間経過とともに振幅の拡大する螺旋形にそって進化すると仮定している。ただし、連続型ではなく離散型であり、優美な円曲線を描くわけではない。この図は、図6−2(b)のように輪切りにした断面をみると、新業態が価格、品揃え、アクセス、接客サービスなど多数の店舗属性の中からアピールポイントを遷移させており、時間経過とともにその充実度が高まるがゆえに、おおよそ末広がりの渦巻き状になると捉えている。

　また、図6−2(c)のような縦割りにした断面をみると、たとえば「専門的品揃え−総合的品揃え」といったように上下に極端に振幅を描く波動が見て取れる。前章では新業態の発生および展開に関して史的変遷を論じたので、筆者だったらこう考えるという「野口式アコーディオン・サイクル」をここに掲げておきたい。

　この螺旋は切る角度を変えることにより、品揃え、アクセス、接客サービスなど、多数の店舗属性にみられる再帰的波動をみせ

図6-2 螺旋型進化モデル

(a) 螺旋型進化モデルによる進化の過程

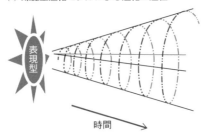

(b) 業態の渦巻きサイクル

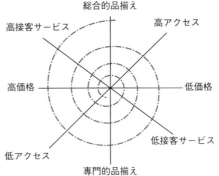

(c) 野口式アコーディオン・サイクル

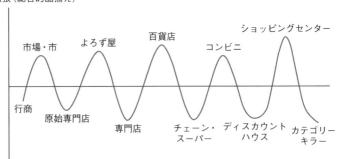

てくれる。この動態の着想には無論、小売の輪やアコーディオン理論などの伝統的理論も役立ったが、業態革新の方向を示したBrown（1987）の「多極化モデル（multi-polarisation model）」が寄与している。ただし、ブラウンはベクトルを示しただけで、変化の動態に螺旋形状や時間概念を明示的に組み込んではいない。

　店舗属性の重点（アピールポイント）の時間的偏移がみられるのは、既存業態のライフサイクルの変化と環境圧の２つの要因がはたらいているからである。ライフサイクルに関しては、業態の成長期には追随者も増えるが、同一業態の集中化が進めば、競争は激化し、時間経過とともに消費者の「飽き」も加わり業態は衰退する。この段階で小売業者は分散化し、真空地帯に活路を求める者が出てくる。この「集中－分散」が、再帰的波動を生む理由の１つである。

　いま１つの理由である環境圧については、新業態の臨界（発生）に大きく影響するので、図６－３の「新業態臨界モデル」を用いて説明したい[4]。

　まず、縦軸に小売業態の消費者選好度をとり、横軸に現状の高評価業態（M）からの表現型乖離度をとって、「業態評価ポテンシャル曲線」を描いてみる。この曲線は、すべての業態の表現型の評価をつないだものである。その形状は、次のような理由からＳ字カーブを描くことを想定している。

　①ある時点で、最も消費者選好度の高い高評価業態Mから乖離した表現型は当然、乖離すればするほど評価は下がってくる。

　②しかし、その乖離度がかなり高くなると、それは一種の「個性」となり、新業態の評価ポテンシャルは上昇する可能性が高まる。

　③ところが、消費者の意識上、乖離しすぎてしまえば逆に評価

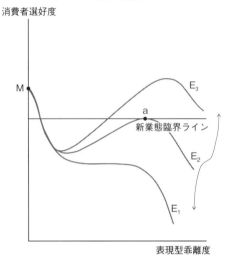

図6-3 新業態臨界モデル

注）このモデルでは、すでに採算性のとれる小売業態が存在している状態を出発点として想定している。

は低下してくる。ちょうど抽象芸術に、一般人がついていけないようなものである。

以上の理由から、筆者は業態評価ポテンシャル曲線をS字に想定している。

さて、業態評価ポテンシャル曲線に対する環境圧の影響について明らかにしてみよう。環境圧の性質や強度により、消費者および小売業者へのインパクトは異なり、たとえば大恐慌のような衝撃度がかなり強い環境圧がかかると、業態評価ポテンシャル曲線は E_1 から E_2 へと推移し、新業態臨界ラインに接する臨界点 a に到達する。

この段階で、新業態の消費者選好度が損益分岐点をクリアする可能性が浮上し、小売業者たちは、変化した環境に適合した業態

をどのように決定したらよいかを思案する、「意思決定の不安定性」に陥る。これは、「カオスの縁」[5]に立たされたといってよいだろう。

3.4 自然選択はどこではたらくか

【第4段階：自然選択と棲み分け】

従来の高評価業態Mとは大きく乖離した表現型をとる業態は、平時ならばほとんど評価されないが、大変化時には「突然変異」した個性派業態として評価を受ける可能性が出てくる。

ただし実際には、臨界点aの段階で1つの「正解」が確定しているわけではなく、小売業経営者の手探り、試行錯誤により、店舗属性のウェイトの異なる多様な業態が林立することになる。その段階ではたらくのが「自然選択」である。

ダーウィニズムによれば、自然選択は「適者生存」と表現される過酷なもので、環境に最も適合した強者が生き残ることになる。小売業界でも、きちんと市場原理がはたらき、消費者が経済人レベルの情報収集力、意思決定力、および合理的行動力を有するなら、評価が最も高い新業態のみが生き残るということになるのかもしれない。だが、実態に照らすと、この論理は正しくない。

現実には、旧式の競争力の低い中小零細な業種店も少なからず存続している。もちろん自然界でもそうだ。アフリカのサバンナを行けば、ライオンのような猛獣だけでなく、インパラやフラミンゴにも出会うことができる。それゆえ、自然界も、小売業界も、強力な単一種だけが生き残る単純な自然選択は起こっておらず、それだけを想定することには無理があるといえる。そこで、次のようなプロセスで考えたらどうかと思う。

⑴ 有害業態の排除

まず、環境圧によって激変した状況のもとで、試行錯誤的に台頭した新業態のうち、消費者の買物事情にとって有害な業態が排除される[6]。ここで「有害な業態」とは、消費者を物理的に傷つける業態という意味ではなく、消費者のニーズに明らかにそぐわない表現型をとる業態のことで、それらは環境への適応不可の種として早晩絶滅するという意味である。たとえば、バブル崩壊直後にディスカウントテナントから構成されるパワーセンターという業態が登場した。これは一見すると、不況に適応したディスカウント業態として理に適っているようにもみえた。だが、安物（低品質品）に安い値段を付けていただけの浅薄なテナント群だったので、すぐに消費者にそっぽを向かれ、当業態は衰退化した。低価格徹底化のため、低コストオペレーションに異常なまでに固執したボックスストアも同様といえる[7]。

⑵ 自然選択

小売店舗の潜在拡大ニーズ（小売経営者の貪欲度）に比べ環境の受容能力（たとえば、オイシイ市場の規模や自然環境）は相対的に低いのが常である。それゆえ、競争の先端（軍拡競争の最前線）、あるいはサバイバルの縁では常時自然選択（適者生存）がはたらいているといえる。

これは、進化生物学者 Valen（1973）の提唱した「赤の女王 (the red queen)」効果がはたらく過酷な状態を意味する。赤の女王とは、ルイス・キャロルの『鏡の国のアリス』に出てくる不遜な女王で、「その場に居続けたいなら、全力疾走しなければならない」とアリスを諭す人物である。これはしのぎを削る苛烈な進化競争の渦中にある種が絶滅を回避したければ、常に進化し続けねばならないことを意味している。

「食うか、食われるか」のサバイバルの危機に直面した小売業者は、「新業態の開発」という未開の選択肢に活路を見出す可能性が出てくるのである。

(3) 棲み分け、共存

ただし、繰り返す通り、「赤の女王」効果がはたらくのは原則的に競争の先端、あるいはサバイバルの縁であって、一般ではない。全小売業がサバイバルを賭して新業態の開発へと「全速力で走り続ける」必要はないのである。大恐慌のような未曾有の高レベル環境圧でもかからない限り、一般の小売業全体が業態変貌の危機に瀕することはないといえる。

小売業は原則、「立地産業」である。常に一定のエリアでのニッチ市場（地理的真空地帯）は存在しており、本章3.5項で述べるように「小売機能相違」を明確に打ち出していければ、決して先端業態でなくとも、かつ大きな業態変化を遂げなくとも、棲み分け的共存は可能である。

また、運悪く競争の危機に直面せざるをえなくなった既存業態も、一定のパターンで反応・変化し、適応可能なことがわかっている。このパターンを明らかにしたのは、Stern and El-Ansary (1977) である。彼らは、新業態の登場で、危機的な状態に立ち至った既存業態が、①衝撃、②防衛的退行、③認識、④適応、という4つの適応プロセスをとって存続できることを明確にしている。彼らは、食品チェーンの台頭に直面した独立食品店のケースを挙げているが、以下では医薬品小売の仮想ケースに基づいて、このプロセスを説明してみたい。

①衝撃……チェーン展開するドラッグストアが台頭してきた。同業態は垢抜けた大型店で、品揃えが多く、医薬品だけでなく食品や飲料も販売している。それも低価格で。独立型の薬局・薬店

3　新業態発生のメカニズム　　**145**

は大きな衝撃を受けた。

②防衛的退行……このままでは小規模な独立店は倒産することが必至である。存続の危機を回避するため、ドラッグストアのさらなる展開を阻止すべくチェーン展開が内包する問題点を整理し、政治家に展開規制のための立法化を陳情した。

③認識……政治家への陳情のような人任せにしていても、目前に迫った危機の回避は容易ではない。受動的ではなく、主体的、能動的に対応しなければならないと考えるようになる。そのための方法として、独立型の薬局・薬店間で連携を取り合い、共同で運営するコーペラティブ・チェーンを構築しようということになった。これによって大量仕入のコスト・メリットや情報共有により売れ筋、死に筋などの貴重な商品情報も得られるようになった。

④適応……構築したコーペラティブ・チェーンが有効に機能し始め、単体で営業していたとき以上の経営成果を得られるようになった。ドラッグストアとの市場での戦略的立ち位置がわかり、この環境に適応していくことができるようになった。

競争の危機に瀕した既存業態も、以上のようなプロセスを経て、部分的な表現型変更を進めることで、存続することが可能なのである。

3.5　パラダイムシフトはどのように起こるか

【第5段階：新業態の誕生】

小売業界に強い環境圧がかかると、「突然変異」と思われる相当異質な表現型に勇気を持って取り組んだ小売業者の中に、成功者が出現する。

無論、新業態の登場当初は、その異質性から批判を受けることがある。しかし一方で、その新業態の高成果に魅せられた追随者

が増加する可能性も高まる。そして、追随者たちがあちこちで成果を上げ、その成功体験がオピニオンリーダー、メディアや口コミを通じて語られるようになると、追随者はさらに増えることになる。新業態の成功者数が、Gladwell（2000）が明らかにした「ティッピング・ポイント（閾値）」を超える水準まで到達すると、この新たな業態は、雪崩を打ったように一気に普及していく。

　前掲の図6-3に戻ると、これは業態評価ポテンシャル曲線がE_2からE_3へと一気にシフトすることを意味する。これが、パラダイムの形成であり、新業態の誕生である。

【第6段階：退避】

　消費者から絶大な支持を得た新業態の定着により、既存業態は多かれ少なかれ影響を受けることになる。新業態には、①消費者ニーズに合致した魅力的な表現型、②斬新な業態イメージ（目新しさ、差別的なブランド化）などの優越性があるからだ。

　近隣に新業態が登場した場合、既存業態は、Stern and El-Ansary（1977）が明確にした比較的軽微な表現型の変更によるサバイバル適応をすると思われる。しかしながら、可能性としては次のような対応をとることもありうるだろう。

　それは「退避」である。このパターンには大別して「属性差別化」と「立地変更」の2つが考えられる。「属性差別化」とは、立地をそのままにして店舗属性のウェイトを変更することである。たとえば、旧来型のグローサリーストアの近隣に新興のスーパーが出店してきた場合、グローサリーストアはスーパー化するのではなく、接客サービスのような差別化属性を強化するという対応だ。筆者は以前から、商圏および取扱商品が被り、価格が相対的に高い業種店であろうとも、接客や配達などのサービスを充実させ、異なる機能（差別化属性）を発揮できれば業態店と共存でき

3　新業態発生のメカニズム　　**147**

るとする「小売機能相違論」を提唱している（野口 1994）。

　「立地変更」は文字通り、新業態の希薄な場所に店舗の立地を変更するものだ。これは、旧業態の地理的退避で、空間的な意味での真空地帯の模索行動といえる。地理的なニッチマーケットを探索し、慣れ親しんだ旧来型のビジネスを新天地で展開するという方向だ。

　また、理論的には属性も立地も変更した「属性差別化・立地変更」も考えられる。だが、この文脈ではライバル業態への対応のために属性差別化を行うのであって、店舗立地を変更して事実上、ライバルが存在しない状態の模索を想定するのなら、このような退避パターンは埒外といえよう。

4　周期性はあるか

　小売業態の発生と展開を論じた理論には、比較的単純な周期性を論じたものが目立っている。たとえば、上述のマックネアの「小売の輪」やホランダーの「アコーディオン理論」が典型だ。新業態の出現において、周期性は本当に存在するのだろうか。

　この命題に答えるための手がかりを得るため、図6-4のような主要業態を3次元マップにプロットしてみた。構成する3つの軸は、消費者の購買選択上きわめて重要な「価格」「品揃え」「アクセス」である。「価格」軸は上方にいくほど低価格で、「品揃え」軸は右方へいくほど品揃えが豊富であり、「アクセス」軸は左方へいくほど接近性が高まると設定している。これらの軸上に主要な業態をプロットしてみると、いくつか気づく点がある。

　①初期の業態（たとえば、行商、市場・市、原始専門店、よろず

図6-4 主要業態の変遷モデル

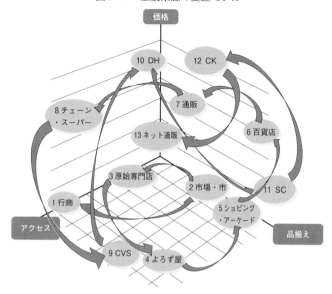

注 1) CVS：コンビニエンスストア、DH：ディスカウントハウス、SC：ショッピングセンター、CK：カテゴリーキラー。
2) 業態の前に付した数字は、出現の順位である。これと矢印により、業態の史的展開がトレースできるようになっている。

屋、ショッピング・アーケード）は、低価格訴求型ではなく、アクセスと品揃え訴求型の業態ばかりである。この段階では、行商（専門業態）、市場・市（総合業態）、原始専門店（専門業態）、よろず屋（総合業態）といった推移で、わずかながらアコーディオン・サイクルがみられる。また、低水準だが、行商（高アクセス）、市場・市（低アクセス）、原始専門店（高アクセス）という振幅現象もみられる。

②中期の業態（百貨店、通販、チェーン・スーパー、ディスカウントハウス）は、低価格訴求型の業態である（コンビニエンスストアを除く）。「新業態はディスカウンターとして登場する」という

4 周期性はあるか 149

マックネアの「小売の輪」理論は、主にこれらの業態の誕生、発展を観察のうえで1958年に発表されたものである。

③中期から後期への移行過程の業態をみてみると、チェーン・スーパー（専門業態）、コンビニエンスストア（総合業態）、ディスカウントハウス（専門業態）、ショッピングセンター（総合業態）、カテゴリーキラー（専門業態）といったアコーディオン・サイクルがみられる。この段階の業態変化は、非常に興味深く、チェーン・スーパー（低価格業態）、コンビニエンスストア（非低価格業態）、ディスカウントハウス（低価格業態）、ショッピングセンター（非低価格業態）、カテゴリーキラー（低価格業態）といった価格面のアコーディオン・サイクルもパラレルにみられる。つまり、専門業態は低価格に注力し、総合業態はそこをアピールポイントにしていない実態を表している。

④後期の業態（ショッピングセンター、カテゴリーキラー、ネット通販）は、専門性の高い商品の品揃えを訴求する高度専門性訴求型業態である。これは、消費者の価値観の多様化を色濃く反映した結果といえる。

⑤最近の国内のポピュラーな業態を観察すると、アクセス性を度外視し、高密度の品揃えと低価格性を同時に志向するバリュー業態[8]（カテゴリーキラー、ネット通販）と、その隙間を埋めるべく徹底的にアクセス性にこだわったコンビニエンスストア、自動販売機（自販機）が全盛である。

⑥一般論的にはきわめて恣意的だが、行商からチェーン・スーパーまでの新業態の展開は、巻き貝の渦巻きにみられるように時系列的に各軸上の水準が拡大していく螺旋形状がみられる。円状の曲線を描くのは、消費者の小売業に求めるニーズと、小売業経営者の差別化の意識が自然にはたらき、新業態のアピールポイン

トが、時系列的に「アクセス」「品揃え」「価格」の順で変遷しているからである。また、巻き貝の渦のように小さな螺旋から次第に大きな螺旋へと展開の動向が拡散するのは、時代を経るごとに技術進歩、小売業者のマーケティング力および消費者の価値観などの高度化の結果といえる。

以上から、新業態の発生・展開には、ある程度の周期性があるといえる。とりわけ、チェーン・スーパーからカテゴリーキラーへと至る中期から後期への移行過程では、品揃え面の「収縮－拡張」と価格面の「低価格－非低価格」の波動がパラレルに進行しており、「ダブル・アコーディオン・サイクル」とでも呼ぶべき周期性がみられる。

しかしながら、同サイクルも一定期間にみられるものであって、すべての新業態の発生を網羅的に説明するものではない。つまり、周期性はアバウト（離散的）にしか存在しないということになる。

新業態の発生はやはり、強い環境圧か、長時間をかけた業態ライフサイクルの「衰退」とその段階での小売業者のサバイバル的ゆらぎがなければ起こらない。小売業の動態が、予測不能な環境圧に少なからず左右される以上、新業態の発生も多分に「偶発性」に依存することになる。このようなメカニズムを視界に収めない、「小売の輪」や「アコーディオン理論」のような単線的な循環論が「皮相的」でしかない所以はここにある。

 # 5 業態の「中身」はどのように進化するのか

5.1 入れ子構造的進化

小売業態の「中身」の進化はどのようなプロセスを経て生起す

図6-5 小売進化の4系統

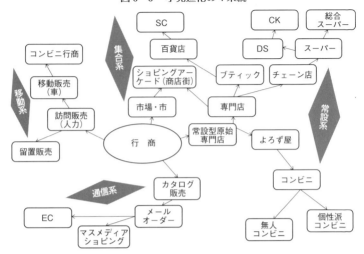

注）CK：カテゴリーキラー、DS：ディスカウントストア、EC：Electronic Commerce、SC：ショッピングセンター。

るのだろうか。この問いに対する答えとして筆者が最適と考えるものに、進化システム生物学の「『入れ子』構造的な外延的包摂化と〈全体 ― 要素〉関係の相転移の原理」がある（田中 2015）。

これはSagan（1967）が唱えた共生説に依拠するもので、ある単細胞の原核細胞生物が、別の単細胞生物を内部に取り込むことによって共生し、より大きな真核生物、そして多細胞生物へと進化を遂げていくとするものだ。以前の構造を残しながらも、別の構造を「入れ子」としてその内部に包摂することで相転移し、より高次の全体構造を得るのである。今から約35億年前に出現した原核生物はミトコンドリアや葉緑体を食作用によって取り込み細胞内共生することで、真核生物へと進化した。そして、真核生物が寄り集まることで、約10億年前に植物や動物のような多細胞生物が誕生したといわれている（田中 2015）。このような階層構造

的な体制転移は、「入れ子構造的進化」と名づけることができる[9]。

　この進化原理を小売業態の「中身」の進化プロセスに適用してみたい。筆者は小売業態の変化を史的にたどることにより、小売業の進化が図6-5のような4系統に区分できると考えている。それぞれについて、簡潔に記しておこう。

　系統1「移動系」……生産者が余剰生産物を売り歩く行商からスタートした小売業は当初、ごく限られた品種の不定期の販売であった。それが、「商品種」や「移動機構（車）」といった「入れ子」を導入し、パワーアップすることで、消費者の利便ニーズに応えていった。

　系統2「集合系」……行商は移動性のある無店舗小売業で、いつやって来るかわからず消費者の随時購買のニーズに応えにくい存在だった。空間面で不動の「販売場所」という入れ子を創造したのが、市場や市であった。環境圧としての都市化の進展により商人たちが市場や市に集うことで多様な商品を提供し、消費者のワンストップニーズを満たした。

　系統3「常設系」……市場や市は、営業時期が限定されており、消費者の随時購買のニーズを満たす存在とはなりえなかった。そこで、「常設」「常時営業」[10]という入れ子を導入した「常設型原始専門店」が出現した。これが今日においてもメインストリームとなっている立地小売業である「実店舗」の原初的形態である。

　実店舗は、取り扱う「商品カテゴリー」「接客サービス（たとえば、セルフサービス）」「営業スタイル（たとえば、年中無休）」「内部経営の新機構（たとえば、チェーン・システム、POSシステム）」といった新たな入れ子を内蔵することで、図6-5右側に掲げるような多様な業態へと進化していった。

5　業態の「中身」はどのように進化するのか　　**153**

系統4「通信系」……通信、物流、印刷などのインフラ面のイノベーションにより、上記の3つとはまったく系統を異にする新業態が出現した。市で配布された書籍リストを用いた無店舗での販売はその後、「カタログ」「郵便システムを通じての配送」などを入れ子としてメールオーダーとして定着し、現下、インターネットの普及によりEC（Electronic Commerce）が全盛期を迎えている。

　EC最大手のアマゾンでは入れ子として、自前の倉庫はもとより、物流システムまで内部化し、後述するように同社のマーケットプレイスに出品する事業者へのフルサポート機能まで内蔵している。さらに、オムニチャネルという形で実店舗すら入れ子として導入してきているのである。まさに、恐ろしいばかりの入れ子構造的進化企業といえよう。

5.2　入れ子構造モデル

　そもそも小売業態とは、表面に顕われた店舗属性と内部組織から構成される特性の束（たば）であり、小売店舗の本質を意味する。それは、品揃え、価格水準、接客サービス、店舗内外装、営業時間などの表現型に加え、経営資源（人、物、金、情報）、チェーン・システム、POSシステム、SCM（Supply Chain Management）、作業マニュアルのようなバックシステムなど、多数の要素のウェイトづけされたミックスによって構成されている。そのミックスが時代や地域の消費者ニーズにマッチし、ライバル小売に優越しなければ、新たなミックス（新業態）に取って代わられる可能性がある。加えて、個々の小売業は、常時統制不可能な環境圧の脅威にさらされており、その変動にミックス面で創造的に適応できなければ、存続要件を満たせなくなる。

以上から、小売業態は、消費者ニーズとライバル小売の動向を反映した業態ライフサイクルのステージ（たとえば、成熟期、衰退期）と、突発的に襲う環境圧（人口動態、インフラ整備、景況、消費多様化、イノベーションなど）の影響を受けることで、その帰趨が決定される「変化体」と言い換えることができよう。時代の変化に柔軟に適応し、消費者ニーズにマッチした斬新な「入れ子」を選別・導入あるいは創造できたところは、存続・発展の可能性が高まり、それができなかったところは死滅の憂き目をみることになる。

　このような小売業態の栄枯・盛衰の規定関係、および小売業態の中身の進化の仕組みを説明するものが、図6-6の「入れ子構造モデル」である。小売業態の中身の進化は、既存業態が直面した環境圧や自身の業態ライフステージを前に、どのような「入れ子」を探索・創造し、導入するか、そしてそれがポピュラーなパラダイムになるのかによって異なってくる。以上のような業態進化の発想に関して、より詳細に説明することにしたい。

　まず、既存業態は、複数の店舗属性モジュール（a_1、b_1、c_1、d_1）から構成されていると考えられる。このモジュールがここでいう「入れ子」なのだが、より具体的には品揃えモジュール、接客サービス・モジュール、店舗内外装モジュール、チェーン・システム・モジュールなどを内容とする。

　これらのモジュールは、ライフサイクル面から観察した場合、必ず導入期、成長期、成熟期、衰退期などのライフステージ上のどこかに位置づけられる。基本的には、直面している時代の消費者ニーズとライバル小売の動向によって、これらのステージは決定される。あるモジュールが大方の消費者の認識上「遅れている（不便）」と考えられたり、ライバル小売と比較して「劣ってい

5　業態の「中身」はどのように進化するのか　　*155*

図6-6　入れ子構造モデル

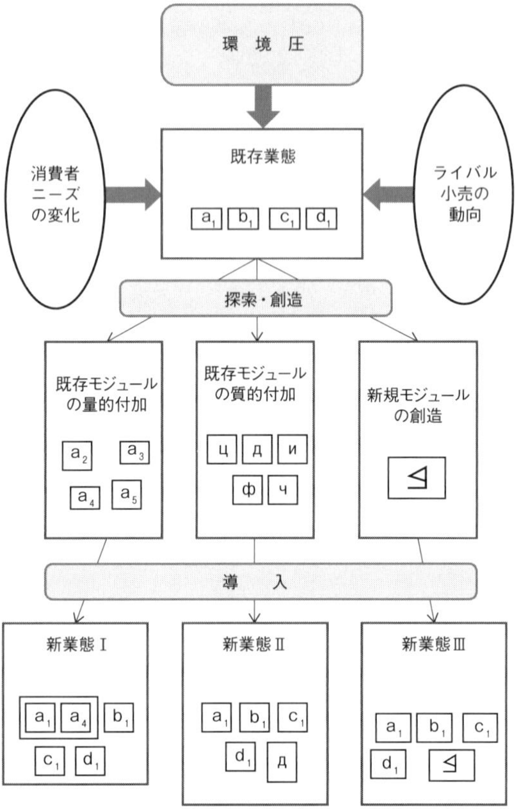

る」と感じられたなら、当該モジュールはライフステージの後期
にあり、廃棄・刷新の必要性が高くなる。

　加えて、業態の中身を決定づけるうえで、環境圧の影響はきわ
めて大きい。突発的に変化する環境圧の影響を受けて、安定的な
成熟期にあったモジュールのライフステージが一気に、衰退期を
迎えてしまうことがある。長らく紙の書籍を販売していた立地型
の書店が、インターネットの普及によりネット通販に脅かされ、

156　第6章　小売業態進化の理論

さらに電子書籍という革新的な進化形に取って代わられるような
ケースだ。

　このような事態に直面した小売業者は、自己の店舗モジュール
を見直し、どのモジュールを廃棄すべきか、また新たな「入れ
子」を導入できないか、創造できないかと、モジュールの改廃に
思案を巡らすことになる。それをしなければ座して自然死を待つ
だけになってしまうからだ。

　筆者は、業態進化をもたらす新たなモジュール（「入れ子」）の
導入方法は、大別して３つあると考えている。

　１つ目は、「既存モジュールの量的付加」を図るものだ。たと
えば、品揃えモジュールに関していえば、a_2〜a_5のような新たな
商品種や商品カテゴリーを追加することである。より具体的には、
ドラッグストアが生鮮品を品揃えるようなケースである。実際、
福井県から岐阜県へ進出したドラッグストアの「ゲンキー」は
2017年に、225店舗のすべてで生鮮食品を取り扱うことを決めた。
こうしてでき上がった新業態の「生鮮ドラッグ」は、生鮮食品を
スーパー並みに品揃えし、価格はスーパーより明らかに安く販売
できた。なぜこのようなことが可能になったかといえば、この新
業態は、ドラッグストアで得られた利益を低価格販売のための原
資に回したからである。

　この新業態では、生鮮品という商品カテゴリーを品揃えモジュ
ールに「量的に付加」することによって、消費者の購買頻度を高
め、さらにドラッグの成果を生鮮品に振り分けるというコスト・
マネジメント手法（これも新たな入れ子）を開発することで、ト
ータルの経営成果を向上させたのである。結果として、この「生
鮮ドラッグ」は、両製品相互の関連購買も誘発し合ったので、商
圏人口7000人で成立するビジネスモデルを4000人まで引き下げる

5　業態の「中身」はどのように進化するのか　　*157*

ことに成功したのであった。

　2つ目は、「既存モジュールの質的付加」である。これは、過去に導入されたことのない異質の既存モジュール（ц、д、и、ф、ч）を「入れ子」として導入することである。具体的には、ショッピングセンターにアミューズメント施設を導入するようなケースだ。アミューズメント施設自体、以前からある既存施設だが、この質的にまったく異なった「入れ子」をショッピングセンター内に組み込む異種交配によって「新種の合いの子」ができ、相乗効果が期待できるのと、既存モジュール同士の結合なので、比較的容易に構築することができ、消費者に斬新さをアピールすることができる。

　3つ目が、「新規モジュールの創造」である。これは、イノベーションによってこれまでには存在しなかったまったく新しいモジュール（≦）を創造することである。例としては、通信販売や自販機などさまざまあるが、チェーン・システムの開発が最もわかりやすいだろう。度々述べているように、筆者は、チェーン・システムこそが小売業史上最高のイノベーションと考えているが、その中でもフランチャイズ・チェーン・システムは短期間で店舗数を激増させる魔法の方法と捉えている。これは、小売企業がフランチャイズ契約により人員や店舗用地をきわめて容易に確保でき、卸売機構を内部化するという形の「入れ子構造」をとることによって、個々の店舗の大小にかかわらず、規模の経済性を実現することができる。この結果、小売店舗を消費者のアクセスしやすい場所に立地させながらも、低価格での商品販売を可能にし、元来小商いだった小売業の大企業化を実現することができた。

　チェーン・システム・モジュールが内包する店舗拡大能力と低コスト潜在力は凄まじく、専門店だけでなくその後、スーパー、

ディスカウントストア、総合スーパー（GMS）、自販機、コンビニエンスストア、カテゴリーキラーなど、有力な近代業態のほとんどすべてに「入れ子」として内蔵された。そして、その衝撃波は小売業にとどまらず、飲食店やホテル、スポーツジムにまで波及していった。

以上から業態の中身の変容（進化）は、消費者ニーズの変化やライバル小売の動向、そして環境圧の影響を受けた小売業者が、既存モジュールの量的・質的付加、あるいは新規モジュールの創造、旧モジュールの改廃などを行うことによって、時代にマッチしたより高次の「入れ子構造」を構成することで、決定されるといえる。

以下では、「入れ子構造的進化」の典型的なパターンを例示しておきたい。

5.3　少選択肢から多選択肢へ

⑴　総合化に至る入れ子構造的進化

消費者により豊富な選択肢を提供するため、多様な商品カテゴリーを入れ子構造的に内蔵した業態としてわかりやすいのが、百貨店と GMS であろう。百貨店の語源は前章で述べた通り、多種の商品部門や専門店を内包し、各部門で代金の精算を行う "Department Store" である。日本語の「百貨店」という用語はよりわかりやすい。「百」は数の多さを象徴する数字で、「貨」は商品を意味する。すなわち、百貨店とは、多様な商品カテゴリーを内蔵した「商品種を網羅的に取り扱う小売店」を表している。この業態は、産業革命による大量消費社会の成立、大都市の形成とそこへの人口移動、輸送インフラの整備といった環境圧を背景に、大都市の消費者の多様なニーズに一店舗で応えるべく巨艦店内に

多数の商品カテゴリーや専門店を「入れ子」として備える形で誕生した。

GMS は、このベクトル上での進化の過程がより明瞭だ。既述の通り、前身のスーパーは出現当初からスクランブルド・マーチャンダイジングという品揃え手法をとり、「食」に関わる総合的な品揃えを行っていた。それ以前は、精肉、鮮魚、野菜などはそれぞれ別個の専門店で売られていたが、これらを入れ子として一店舗内に取り込む（「既存モジュールの量的付加」）ことにより、消費者の「食」のワンストップニーズを充足させたのだ。

さらに、セルフサービスという「新規モジュールの創造」により、代金の決済は各商品部門で行う必要がなく、集中レジで1回で完了という利便性を消費者に提供した。それ以外にも対面販売の除去による購買のプライバシー性の保持や卸売機構を内蔵したチェーシステムモジュールの導入による低価格の実現など、斬新な取り組みを行うことによって、当業態は消費者から絶大な支持を得た。

この成功体験をもとに、スーパーはその後、「商品モジュールの量的付加」に邁進する。取扱商品カテゴリーを日用雑貨、軽衣料、家電製品、そして家具まで広げていったのである。ここにはまさに「少選択肢から多選択肢へ」という「品揃えの総合化」に至る入れ子構造的進化があった。このようなプロセスを経て形成された新業態が、GMS である。

⑵　総合化の行き詰まり

入れ子構造を充実させる形で取り扱う商品カテゴリーを増やしていった百貨店や GMS の「ワンストップショッピング」のレベルは、かつてのよろず屋の「多選択肢」になぞらえることができよう。よろず屋は、品揃えの「総合化」を図り、農村部の人々の

消費生活の最低レベルを支えていたものの、その選択肢の水準は、時代とともに不十分なものになっていった。

　消費者の選択眼がナイーブな時代には、単体の「総合店」がワンストップショッピングを可能にする便利な店として高く評価される。ところが、時代が移ろい、現代のように消費者のニーズが「多様化」「個性化」し、自己の価値観やこだわりを重視する人々が増加すると、百貨店やGMS程度の品揃えでは物足りなさを感じるようになってしまう。なぜなら両業態とも多様な商品ジャンルこそ備えているものの、それぞれのジャンル内にはわずかな商品種しか品揃えがなく、多様化する現代消費者の個性的なニーズを満たすには余りにも選択の幅が狭隘になったからである。

　時代の変化とともに商品モジュールの量的付加（商品種の増加）はみられたものの、1店舗内の総合化には当然限界がある。「ほどほどの総合化」しか行えない両業態とも、ディテールにこだわる現代消費者の欲求水準を満たせない存在になっていった。つまり、両業態ライフステージは、成熟期から衰退期を迎えたのである。

　また、両業態の総合化の限界を如実に示す問題が「同質性」である。どこの百貨店に行っても同じようなテナントばかりが入店していて、ほとんど個性がない。東京都内の有名百貨店では約80％の商品がオーバラップしているといわれる。テナントの貸しビル業化した百貨店では、その売上の大部分を有名テナントに依存しているからだ。

　GMSも同様で、この業態の場合、チェーン・オペレーションがとられ、同一フォーマットの画一的なクローン店舗を多数揃えることを基本にしている。合理化のため、この種の標準化は当然のことなのだが、その帰結としてどこの店に行っても同じような

雰囲気で、同じような商品が品揃えられた個性のない店舗を作り出してしまう。食料品のように購買頻度の高い商品だけを取り扱うならこの「同質性」はさほど問題にならないが、それ以外の買回品や専門品も多数取り扱う当業態では、店舗の「同質性」はコスト・パフォーマンスの悪い「お荷物商品の連鎖」になる可能性が高い。

　そんな問題が浮上する中、わが国では2000年あたりを１つのターニングポイントとして、１つの新業態が脚光を浴びるようになった。それがカテゴリーキラーで、玩具小売のトイザらス、アパレル小売のユニクロやその他のファストファッション店、家具小売のイケアやニトリなどが好評を博した。それ以前からある家電量販店、郊外型紳士服店、そして古くて新しいドラッグストアやホームセンターのような専門大店も着実に成長していった。

　これらのカテゴリーキラーは、専門的な商品ジャンルに特化し、ディテールに徹底的にこだわった品揃えをしたので、百貨店やGMSとは比較にならないほど豊富な選択肢を提供し、多様化する鋭い現代消費者のニーズにマッチすることができた。このような強力なライバルの出現により、既存モジュール内の入れ子に乏しい百貨店やGMSは、その存在感を薄れさせていったのである。

5.4　単体から結合へ

⑴　文房具カフェ

　商品種や商品カテゴリーを拡大する「既存モジュール内の量的付加」ではなく、既存業態にまだ導入されたことのない既存の異質モジュールを「入れ子」として導入することによって新業態ができ上がることがある。これが「既存モジュールの質的付加」で、上記のショッピングセンターに代表されるように、「単一種」か

ら異種交配による「新種の合いの子」へという進化ベクトルである。

　過去にこのスタイルで誕生した典型業態には、よろず屋がある。同業態は、常設型原始専門店で取り扱われていた各種商品カテゴリーを、「1店舗での消費生活の完結」というコンセプトのもと、入れ子として店舗内部に総合的に取り込み、さらに郵便局、カフェ、宿泊所などの小売とは「異質」のサービス施設を併設することによって、消費者に多様な利便性を提供した。とりわけ、諸施設の乏しい農村部では、その総合性が評価され、地域独占による高価格の弊害はあったものの、地域に不可欠の社会インフラになった。

　近年、既存業態の行き詰まりを脱却するために「既存モジュールの質的付加」型の店舗が増えてきている。たとえば、文房具店とカフェが結合した「文房具カフェ」やコンビニと移動販売が合体した「コンビニ行商」である。

　これらは水平思考でいう「結合」で、すでに存在している異質のモジュールを単純に結び付けるだけで、目新しいものを創るという手法である。既存のモジュールをそのまま利用する「異種交配」によって比較的容易に合いの子の「新規性」を打ち出すことができるので、取り組み妙味もあるかもしれない。だが、もともと木に竹を接ぐ発想なので商圏事情によって成果は大きく異なるだろう。

　文房具カフェについて論じると、文房具店もカフェも昔から存在し取り立ててめずらしいものではないが、これらが文房具カフェとして、1つの店舗空間内に共存するというだけで、話題性も高まり、シナジー効果も発生する可能性が高い。実際、東京都渋谷区の「文房具カフェ」では、来店客はそこでお茶を飲んだり、

5　業態の「中身」はどのように進化するのか　　*163*

ランチを食べたりすることができるだけでなく、そこに用意されているフリーユースのペンやクレヨンをかなり本格的に試し、楽しむことができる。

この種の結合店舗では、お茶やランチをしに来た客が、店内に並べられている文房具を物色して帰るということがあるだろうし、逆に文房具を買いに来た客がカフェ・セクションでお茶を飲んでいくということもあるだろう。つまり、文房具カフェは、伝統的な業種店である文房具店に「カフェ」という「既存モジュールの質的付加」を施すことによって、珍奇性を打ち出し、顧客を吸引し、関連購買を誘発して相乗効果を得ようとする進化業態なのである。

(2) コンビニ行商

高齢化社会の日本では、買物弱者の問題が深刻である。加齢により行動半径の狭まった人々が増加している一方で、市場縮小（人口減少）により小売業者が採算性を考えて退店してしまうケースが増えているからだ。この結果、小売市場で需給ギャップが生じ、高齢者が日々の買物にも難儀を覚えるといった問題が起こっている[11]。

経済産業省が公表する『買物弱者応援マニュアル　ver3.0』（2015年3月）によると、買物に困難をきたすいわゆる「買物弱者」の数は、日本全国で約700万人にも上るといわれ、前回調査（2011年）に比べ100万人も増えている。今後の日本社会を展望すると、人口の高齢化はさらに進行するため、買物弱者の数は一方的に増加することになるだろう。

このような買物弱者を救済するべく、上記の経済産業省の報告書では、①家まで商品を届ける、②近くにお店を作る、③消費者の送り迎えを行うことによって、居住地から小売店まで出かけや

すくする、④コミュニティを形成する、⑤物流を改善・効率化する、という5つの対策を掲げている。

　これらの対策のうち、業態進化の観点から興味深いものとして、①と②に関わる「移動販売」(行商) がある。この種の取り組みとして、コンビニのセブン-イレブン・ジャパンは、2011年5月から茨城県城里町で「セブンあんしんお届け便」と名づけた移動販売を開始している。全国35箇所で展開し、地域の実情に合わせて週4～7回、20～30 km の商圏を多いところで1日20地点も移動販売を実施しているのだ。これは、本部サイドが移動販売車をコンビニオーナーに貸与し、オーナーサイドが移動販売車を運転して巡回販売をしているのである。その際かかるガソリン代の8割を本部サイドが負担している。

　もとは2011年3月に起きた東日本大震災の被災地支援的なニュアンスが強かったが、新たな収益源の発見的側面も無視しえない。実際、移動販売での客単価は、立地型小売店舗でのそれよりも高いといわれる。移動販売では軽自動車にのる豆腐や納豆、そして卵といった生鮮品と、お菓子やお弁当など合計で200品目程度しか品揃えがないにもかかわらずだ。

　これは事実上、店舗が家まで来てくれることになるので消費者にとって購買後の運搬の手間 (消費者の労働コスト) が消滅するため、遠慮なく必要なもの、欲しいものを買ってしまうのと、マン・ツー・マン・コミュニケーションへの報恩効果からと推測できる。加えて、買物弱者の中でもとりわけ人数の多い高齢者は、比較的金銭的に余裕のある人が少なくないので、アプローチ次第で、相応の購買をしてもらえるのであろう。

　この小売形態は、コンビニという立地小売業に、「行商」という異質のモジュールの無店舗小売業を「入れ子」として導入する

ことで形成された、「既存モジュールの質的付加」型新業態である。言うまでもなくコンビニも行商も以前から存在する独立した小売業態で、セルフサービスが基本のコンビニが、人手が必要でコストのかかる行商に取り組むなど、以前は想像もできないことだった。ところが、高齢化社会における買物弱者の増加、震災という環境圧が新たなビジネスモデル、新たな業態を生み出したといえる。

また、これほどの大きな業態の質的変化はないものの、立地型小売のスーパーがネット経由の注文に応じて商品を宅配する「ネットスーパー」も、スーパーが「配達」という「既存モジュールを質的に付加」した新形態といえる。

5.5 単純機能から革新多機能へ

現在、多様な、そして高質な「入れ子」構造を擁した新時代のパワー・リテーラーが跋扈してきている。アマゾンに代表されるECである。それは、既存モジュールの量的・質的付加と革新的モジュールの創造を同時に成し遂げたもので、まさに高次元の小売進化型といえる。

ECの原初的形態はカタログ販売であり、15世紀からみられたが、通信インフラ、物流インフラ、印刷インフラなどが整備された19世紀後半から通信販売が本格的な発展をみた。モンゴメリー・ウォードやシアーズ・ローバックは上記の環境圧の追い風を得て、メールオーダーという小売イノベーションを開発し、普及していった。この業態の成長、浸透によって多くの消費者は、①多様な品揃え、②商品入手の利便性、③低価格などのメリットを享受できた。

通信販売は、いわゆる「無店舗小売業」なので、取扱品目をカ

タログに載る限り拡大することができた。誕生当初は注文リスト表のレベルだったが、やがて商品種が拡大し分厚いカタログへと進化していった。この取扱品目の拡大が商品モジュールの量的付加である。

また、この小売業態では、集中在庫方式を採用していたので、実店舗にあるような分散的な店舗在庫や万引きが発生せず、その面で低コスト化が実現できた。この集中在庫方式は、既存モジュールの質的付加といえよう。加えて、この業態は、消費者からの受注商品を「自宅」まで低価格で届けてくれるので、消費者が負担する買物コストを大幅に削減してくれた。

これらのメリットを踏襲しながら、高度情報化社会、高度イノベーション時代という環境圧を背に受けて、伝統的な通信販売とは比較にならないほどパワーアップした「入れ子」を内蔵した無店舗小売業が登場した。それがECである。

ECは現在、着実な成長途上にあるが、これは直接的には、①EC自体の利便性の増大、②消費多様化、③女性の社会進出、④高齢化による買物弱者の増加、⑤スマホ保有率の上昇などの社会構造的な要因（環境圧）がはたらいているからである。

ECの進化水準および潜在成長力は凄まじい。代表企業であるアマゾンの主な「入れ子」について箇条書き的に記してみよう。

・「既存モジュールの量的付加」

　　取扱品目30億（全世界ベース）ともいわれる商品モジュール内の

　　驚異の品揃え

・「既存モジュールの質的付加」

　　自前の物流システムの保有

　　マーケットプレイスに参加する事業者のフルサポート

5　業態の「中身」はどのように進化するのか　　*167*

実店舗の保有によるオムニチャネルの構築

・「新規モジュールの創造」

ダッシュボタン

ADRS（Amazon Dash Replenishment Service）

棚移動ロボット KIVA

　新規に導入した主要な入れ子だけを挙げても、これだけある。それぞれについて簡単に説明すると、「既存モジュールの量的付加」の面では、なんといっても膨大な数の品揃えが特筆される。実店舗のような物理的制約がないバーチャル空間上に、あらゆるジャンルの商品を並べるという印象だ。アマゾンでは、これまで品質管理面から通販には向かないとされてきた生鮮食料品（アマゾンフレッシュ）まで取り扱っている。

　「既存モジュールの質的付加」の面の高度な取り組みに関しては、同社の「フルフィルメント・バイ・アマゾン（FBA）」というシステムに象徴されている。これは、同社のマーケットプレイスに出品した事業者のフルサポート機能を意味している。本来、出品事業者は商品受注、商品保管、決済、梱包、配送、そして返品対応やクレーム処理などの業務を行わねばならないが、アマゾンではこれらを一括してアウトソーシングしてくれるのだ。同社はネット通販業者であり、マーケットプレイスを運営する「胴元」でありながら、他企業の取引機能、在庫機能、物流機能、そしてカスタマーサポート機能まで「入れ子」として内部化しているのである。

　また、配送の迅速化のために、自前の物流システムを保有している。通販業者は配送には専門の物流企業を使用するのが一般的だが、アマゾンはそれをすべてアウトソーシングするのではなく、

自前の「入れ子」として内蔵しているのである。

　さらにアマゾンは本来、ネット通販という無店舗小売業者でありながら、書店のアマゾンブックス、高級スーパーのホールフーズマーケットなどの「実店舗」を所有している。このような業態の枠を超越する大がかりな既存モジュールの質的付加は、最先端の「オムニチャネル」の構築を目指す流れといえるのだが、この点に関しては次章で詳述することにする。

　そして何といっても、高次進化形小売アマゾンの真骨頂として意義深いのが、「新規モジュールの創造」である。同社はまさにイノベーション企業の代表で、顧客の利便性の向上や内部組織の合理化のため、積極的に革新に勤しみ、多彩な成果を上げている。たとえば、「ダッシュボタン」は小さなボタンをプッシュするだけで商品の注文が完了する機器（システム）である。消費者は実質無料のブランドごとに用意された当該ボタンをアマゾンから入手すると、そのブランドの注文に関してはただボタンを押すだけですんでしまい、スマホやタブレット PC などの通信端末が一切不要になるのだ。この発注の簡便性により、アマゾンサイドは顧客を囲い込むことができ、チャンス・ロスも大幅に削減することができる。

　さらに、ボタンプッシュの手間すら排除したのが、「ADRS（Amazon Dash Replenishment Service）」である。これは、プリンターや洗濯機の内部に組み込む自動発注システムで、たとえばプリンタートナーの残量が一定水準を割り込むと、自動的に注文がなされるものである。IoT（Internet of Things）時代の幕開けを象徴するような新規モジュールの創造といえる。これにより、通信端末だけでなく人の意思まで介さずモノ同士がインターネットで直結することになれば、消費者の利便性は極限まで高まり、アマゾ

ンにとってはありがたい固定的なリピート購買が得られることになる。

　また、内部組織面でも、新規モジュールの創造がなされている。アマゾンでは、「KIVA」という棚移動ロボットを自前の倉庫に導入し、ピッキング作業の合理化を図っている。これは、作業員が固定ラックに向かうのではなく、ラックの方が作業員のところまで移動してきてくれる賢いシステムである。KIVA が必要なラックを最短ルートを探索して運んできてくれるため、作業員のピッキングの時間や作業負担が少なくなり、労働生産性が高まることになる。

　アマゾンではこれら以外にも、契約した個人に配送を任せる「アマゾンフレックス」、無人飛行機ドローンを使った短時間配送の「プライムエアー」、AI で管理する無人コンビニの「アマゾンゴー」など、独創的な新規モジュールの導入を進めてきている。

　イノベーションに傑出したこのパワー・リテーラーは今後、AI、ロボット、IoT、センサー技術等を駆使して、より斬新で多様な「入れ子」を創造・内蔵し、現在より遥かに高次元の進化を遂げたエクセレントな業態へと進化することだろう。

⑥　結　語

　小売業態発生や進化に関わる理論に限らず、流通現象の分析において、要因間の関連性を明確にしようとするメカニズム解明的で、かつ理論的な研究は十分になされてこなかったといえる。筆者はこのような状況に、一石を投ずるため、「螺旋型進化モデル」と「新業態臨界モデル」、さらには「入れ子構造モデル」を提示

してみた。

　次章では、急成長を遂げる EC についてより詳細に考察してみたい。小売マーケットの成熟化や人口減少が顕著な日本で、なぜ当業態は急成長を続けているのか。そして今後、競合関係にあると思われる実店舗との関係はどうなるのか。さらに、このような問題意識のもと、本書の最終章となる第 8 章では小売流通の今後の姿についてグランドデザインを明確にしてみたい。

■ 注

1）ここでなぜよく用いられる「店舗属性ミックス」ではなく、「表現型」という用語を使うかというと、新業態は、人々の認知上、明らかに外観や振る舞いの異なった相違個体を意味するからである。

2）この例示は、Hollander（1966）ではなく Stern and El-Ansary（1977）に依拠している。

3）ここでいう自己組織化とは、個々の小売店はミクロ・レベルで自由勝手に振る舞っていながら、マクロ・レベルで有意な方向に秩序化されることを意味する。

4）このモデルは、藤田（1997）が提示した「都市生成メカニズム」に着想を得ている。

5）筆者の解釈では、秩序と無秩序が混在し、いつ相転移（大化け）が起きてもおかしくないところのことである。

6）これは、筆者の観察と、生物進化の過程では有利な突然変異は少なく、有害な突然変異の淘汰が圧倒的に多いという事実に基づいている。木村（1986）を参照のこと。

7）あえて固有名詞は避けるが、1970年代に国内に当業態を導入した大手小売企業は結局、全店閉鎖に追い込まれている。

8）流通研究者の田村正紀が提示する「業態盛衰モデル」では、価格と品質の両面に優位性を持つバリュー・イノベーターが隆盛化しつつある現状を明確にしている（田村 2008）。筆者のいうバリュー業態とは本文中にあるように、高密度の品揃えと低価格を同時に実現する業態のことである。

6　結　語　*171*

9）田村（2008）は、「業態・フォーマット」の用語に関する消費者の認識を明確にするため、階層クラスター分析を行っている。ただしここで用いられた「入れ子」は、あくまでも消費者の認知次元における「業態・フォーマット」の意味・相違を明らかにするためのものである。

10）ここでいう「常時営業」とは、祭礼の際の定期市のようなものではなく、ほぼ毎日のように小売販売している状態を指す。

11）もちろん買物弱者は高齢者だけに限定されるわけでなく、妊婦、育児中の人、障害者など多くの人々が該当する。ただ日本の社会では超高齢化が進行し、高齢者の買物弱者問題が顕著に増加している。

第7章 EC とオムニチャネル

1 はじめに
現代の革新：EC

現代消費者のニーズにマッチした小売革新として、EC（Electronic Commerce）がある。高度情報化という新しいインフラを基盤に、インターネットを有効活用した商取引が急速に成長を遂げているのである。

最終消費者向け（BtoC）ECの市場規模は、1998年にはわずか650億円でしかなかったが[1]、2017年度には16兆5054億円まで飛躍的に拡大している。アマゾンや楽天市場などの成長により、この間におよそ254倍の市場拡大をみたのだ。

また、モバイル経由のEC取引の成長にも目を見張るものがある。iPhoneに代表されるスマホやタブレットPC（タブレット）を使ったモバイルスタイルのECが隆盛になってきているのだ。2017年にはその規模が3兆90億円にも上り、トータルのBtoC市場の約35％を占める水準にまで達している[2]。

さらに、これまでにはほぼ存在しなかった個人間ECである

CtoC の市場も急拡大をみせている。インターネット・オークションの市場規模は2017年に 1 兆1200億円となり、フリマアプリ経由の売上高も4835億円へと急成長を遂げている。CtoC 取引大手のメルカリの登場が2013年であることを考えると、驚異の急成長市場の出現といえる。

成熟社会、人口減少社会の日本で、EC がこれほどまでの急成長を実現できた理由は一体何なのだろうか。そして今後、EC と実店舗との関係はどうなっていくのだろうか。本章では、小売流通の今後の姿について考察してみたい。

2 EC の競争優位性

実店舗の業績が総じて低迷する時代に、まさに好対照とばかりに EC 市場が拡大している。経済産業省の『平成29年度　我が国におけるデータ駆動型社会に係る基盤整備』によれば、日本のEC 化率（物販分野における EC の市場規模の比率）は図 7 - 1 に示す通り、趨勢的に拡大傾向を示している。

実店舗にはない EC の競争優位性とは一体何なのか。まず、この点から明らかにしていきたい。

競争優位性の 1 つ目は随意性であろう。EC は、スマホやパソコンで、買いたいとき、チェックしたいときに 1 年365日、1 日24時間いつでもサイトに訪問し、選択・購買するチャンスを提供してくれている。とりわけスマホは、小型軽量でモバイル性に優れ、時空間を問わず、必要に応じていつでも、どこからでも商品購入をすることが可能だ。

実店舗でも年中無休（24時間営業）のコンビニや自販機などは

174　第 7 章　EC とオムニチャネル

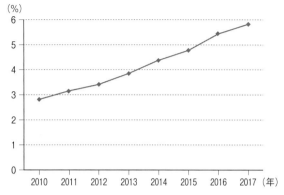

図7-1 EC化率の推移

出所）経済産業省『平成29年度 我が国におけるデータ駆動型社会に係る基盤整備』（平成30年4月）。

居住地の近隣に立地し、購買の随意性があるが、ECではこれがもっと徹底化し、一切外出の必要がなく、ほぼ場所を問わずアクセスでき、商品の選択・購入が可能なのである。この結果、購買の先延ばしや購買予定商品の忘却などの確率が低くなり、チャンス・ロスが発生しにくくなる。

2つ目は多様性である。ECは、仮想空間上に存在する無店舗小売業なので、実店舗小売業のような売場スペースの物理的な制約がない。この結果、品揃えは無制限に拡大することができる。EC運営サイドは、商品情報を収集・開示しておき、消費者が必要商品を容易に探索できる仕組みを作っておけばよいのである。

実店舗では、超大型の小売業でも1店舗における商品種（SKU：Stop Keeping Unit）は30万点が限度である。これがバーチャル空間上に品揃えをするアマゾンになると、実に1万倍の30億点にも及んでいる[3]。インターネットは全世界ベースでネットワーク網を張り巡らせているので理論上、現代消費者はECを利用

すれば、地球上で販売されるおびただしい数の商品種にアクセスすることができ、その中から自己の価値観やニーズにマッチした商品を選択・購買することが可能なのである。

とりわけ、ゲームや音楽、電子書籍等のデジタルデータ商材は、ネット経由での販売に最適で、無尽蔵の商品種の品揃えができる。それらは「物」を伴わない、「ソフト」だからであり、店舗、品揃え、在庫、流通などの諸面でほとんどコストがかからないからである。たとえば、伝統的な書籍の実店舗では、新刊本が出る度に売れ行きを予測して入荷すべきかどうかの意思決定をする。これは実店舗には、売場面積やバックヤードという物理的な販売スペース、在庫スペースの制約があるからだ。売れ行きが悪そうな書籍を陳列・在庫する余裕はなく、もしも売れ残った場合、面倒な返品の手間がかかるからである。

ところが電子書籍ならば、この種の制約はほぼないに等しい。それは、売場や在庫のスペースがバーチャル空間上だからだ。販売業者のデータベースに電子書籍のデジタルデータを逐次補充しておけば、消費者に無尽蔵に近い豊富な商品の選択肢を提供することができるのだ。

また、デジタルデータ商材の場合、紙で作られた書籍のような「物」がないので、デッドストックや返品という概念自体存在せず、販売業者は安心してロングテール[4]を維持しておける。

3つ目は広域性である。繰り返す通りECは、立地産業である実店舗小売業とは異なった仮想の世界に存在するため、極論すれば「商圏」というものが存在しない[5]。消費者はネット環境のあるところではどこでも世界中のECサイトにアクセスして、希望の商品の選択・購買を行うことができる。それは、ちょうど自分のスマホやタブレットの中に世界中の店舗が開店しているような

ものである。この状態は、わざわざ店まで行かねばならない実店舗で経験するアクセスの困難性が存在しないということである。その意味で、ECでは、実際に取引可能な相手が実店舗とは比較にならないほど広域に拡がるのだ。

BtoCだけではない。たとえば、ネット経由のフリマアプリであるメルカリのようなCtoC取引では、北海道の人がまったく知らない沖縄の人と取引することも可能だ。消費者は、ECの普及により、非常に広範囲の人々との取引交流が可能になり、購買行動の地理的範囲を制限してきた「商圏」という概念から解放されたのである。

4つ目は合理性である。これは、ECが全世界レベルで結合したインターネット上にあるため、理論上、ユーザーはそこに結節した取引相手の中から最も合理性の高い条件を提示する相手を選ぶことが可能である。ユーザーは簡単な入力とクリック操作で世界中のECサイトに瞬時に飛ぶことができ、ディスプレイ上で価格比較が行えるので、きわめて容易に合理的な購買を行うことができる。また、価格.comやモノレートのようなランキングサイトも多数立ち上がり、合理的購買をサポートする環境も整ってきているので、ユーザーはさらに迅速に合理的な購買選択を行えるようになっている。

加えて、大きなうねりとはなっていないが、リバース・オークション[6]を利用することによって希望商品を最安値で購入することも可能である。これは相対取引が一般的である実店舗小売では不可能に近いが[7]、バーチャル空間上に多数の取引相手が集うECの場合には実現可能である。

5つ目は秘匿性である。これは、直接対面しない（自分の顔を見られない）という意味での秘匿性のことであり、ECに限定さ

れず、通信販売一般に共通するメリットである。消費者はたとえ
ば薄毛の治療薬や避妊具を購入したいとき、自身の購買のプライ
バシー性を守りたいというニーズがある。実店舗におもむけば、
店員に顔を見られたり、症状の説明をしなければならない場面が
あり、恥ずかしい経験をすることもある。

　ところが、EC取引では、商品提供者と直接対面することがな
いので、この種の羞恥体験はせずにすんでしまう。無論、商品の
送り先を自宅にすれば、取引相手に重要な個人情報を開示するこ
とになってしまうが、取引相手の信頼性さえ担保できるなら、少
なくとも購買接点での対面ストレスはなくなる。

　加えて、CtoC取引でも、匿名配送が一般化しつつあり、商品
提供者に上記のような個人情報の開示をせずにすむようになって
きている。このような条件が整ってくると、秘匿性を希望する商
品の購入の際には、ECこそまさに福音であり、きわめて重要な
取引チャネルとなるのである。

③ 実店舗の負担コスト

　消費者の購買意思決定は通常、商品の品質と価格水準を考量し
たコスト・パフォーマンスで決まると考えられている。これは間
違いではないのだが、実店舗での購買には、商品価格以外にもそ
の意思決定を左右するさまざまなコストが潜んでいる。実は、消
費者は、ほぼ無意識的にそれらのコストを算定して、商品の購買
意思決定を行っているのだ。同一商品に異なった価格を付けた店
舗が共存し続ける実情を考えれば一目瞭然である。

　現実世界で「一物二価、三価」が成立しているのは、消費者が

178　　第7章　ECとオムニチャネル

経済計算のできない不合理な存在だからではなく、逆に経済計算を行った結果といえる。たとえば、ある商品が遠方の店で相対的に安く売っているのを知っていても、買物荷物運搬の負担や往復の拘束時間を考えた場合、近場の相対的に高い店で購買した方が安く付くと考える。それは自分が負担する労働コストや時間コストを商品価格に上乗せするからである。それゆえ、消費者が負担するコストは、商品価格だけでなく、トータルの「買物コスト」で捉える必要がある。

　以下では、実店舗と比較した相対的 EC 利用度の高まりを説明する理由として、消費者が実店舗で購買を行う場合に負担している「買物コスト」の主な費目について明らかにしてみたい。

　消費者が実店舗で商品購買を行ううえで負担するコストには、大別して次のような 5 つがあると思われる。

　①商品コスト……これはいわゆる商品に付与された値段であり、最も基本となるコスト費目である。マックネアの「小売の輪」の理論を引くまでもなく、多くの小売業者が消費者を誘引するため、このコストの低減（価格低下）に取り組んできた。長い不況期を経た日本の消費者は商品のコスト・パフォーマンスにシビアになっており、総じて既存業態の価格水準はリーズナブルであり、EC と比べて遜色ない水準といえる。ただし、いまだ多数存在する中小規模の業種店は主に仕入れロットの小規模性から当該コストの低減が困難で、EC のさらなる普及により、一層厳しい現実を迎えることになるだろう。

　②移動コスト……小売店舗までのアクセスは、購買意思決定上の重要な要因である。実店舗の場合、必ず居住地と店舗との間には、地理面のギャップがあり、遠ければ遠いほど消費者の距離抵抗は高まり、当該コストは上昇する。お目当ての店まで到達する

のに、公共交通機関やタクシーを利用すれば、不可避的に交通費である移動コストがかかることになるし、またマイカーを利用したとしても、往復のガソリン代を負担しなければならない。

ネットスーパー、コンビニ行商のように小売業者の側から地理的ギャップを埋めてくれる事業者が身近に充実しているのなら、問題はないかもしれない。だが、この種のサービスが十分受けられない場所では、「野外に買物に行く」という形で消費者が負担しなければならない移動コストは不可避的に発生するのである。

無論、EC にも、送料という形で商品の移動コストはかかり、これと消費者の移動コストとの比較が考慮事項にはなるが、消費者と実店舗との距離がかなり近かったり、商品単価が送料よりもかなり低くない限り、EC の送料の方が消費者の実店舗への移動コストよりも安く付く場合が多くなっている。

③時間コスト……実店舗での購買には、多面で時間コストがかかっている。たとえば、家から実店舗までのアクセスが悪いと、購買から帰宅までに拘束される時間が長くなる。

また、小売店舗内においても、多数の品目を扱うホームセンターでは、どこに目当ての商品が陳列されているのかわからず、探索に時間がかかる場合があるし、たとえ販売スポットがわかったとしても、そこに到達するまでの店内の移動時間がばかにならないことがある。加えて、レジに行列ができていれば、そこでも待ち時間がかかる。つまり、実店舗の場合、店舗へのアクセス、店内探索や店内移動、さらにレジ待ちなどのために少なからぬ時間がかかるのである。

ところが、検索機能を具備する EC では、この種のコストはほとんどかからない。スマホやタブレットでどこからでも迅速に商品にたどり着くことができるからである。現代人にとって、「時

間」は貴重なリソースであり、それをいたずらに費消することは時代のニーズに適合しない。EC が重宝される理由の 1 つは、この「時間短縮（時短）」にあるといえる。

　ただし付け加えておくべきことがある。EC のこの種のメリットは、商品の購買意思決定プロセスまでである。実際購買を完了してから商品を入手するまでには、実店舗の方がずっと素早い。店舗内に在庫さえあれば即、商品を入手できるからである。EC でも、翌日配送、当日配送、ドローン配送といった形で、リード・タイムの短縮に積極的に取り組んでいるが、購買接点での即時入手はデジタルデータ商材以外、物理的に不可能である。

　④労働コスト……ちょっと奇異な感じがするが、実店舗での購買には、労働コストも発生している。最もわかりやすいのが購買手荷物の運搬だろう。マイカーや自転車がなければ、購買頻度の高いスーパーでの買物は苦痛になる。重い手荷物を両手に提げて歩いて持ち帰らねばならないからだ。

　高齢化が進み、国民の約 3 割近くが 65 歳以上の高齢者となった日本社会[8]では、コンビニでの高齢者の購買シーンをよく見かけるようになった。背中にリュックサックをしょって当業態でまとめ買いする光景は、少しでもアクセスが容易で、手荷物の重量負担を軽減させたいという高齢者のニーズを反映している。妊婦や乳幼児同伴者も同様だろう。労働コスト低減のために、ネットスーパーの利用者が一定数存在するのはこのことの証左といえる。

　ところで、実店舗の中には、スーパーのように本来、小売業者側が負担しなければならない労働コストを消費者に転嫁している場合がある。日本のスーパーではこれが顕著である。レジで精算を終えたら、それで小売サービスはすべて終了である。清算自体も、セルフレジ、セミセルフレジという形で、消費者自身で行う

3　実店舗の負担コスト　　*181*

場面が増えている。

　ところが、米国のスーパーではレジのエンドに店員が待っていてサッキングサービス（袋詰め）をしてくれるのが一般的だ[9]。米国では日本ほど徹底した労働コストの消費者転嫁はなされていないのである。

　言うまでもなく、EC では、商品が袋詰めされて希望の場所まで配送されるので、上記のような消費者の労働コストはかなり軽減される。

　⑤精神コスト……普段、あまり心理的負担として意識されていないが、実店舗の購買にはさまざまなストレス要因が潜んでいる。家から実店舗までの往復にどんな心理的負担がかかっているのか、プロセスを追って明らかにしてみよう。

　・外見ストレス：　実店舗での買物を思い立ったとき、外に出るので身支度を調える。少なくとも自宅にいるときのような気楽な格好ではいられない場合が多い。

　・アクセスストレス：　目的の実店舗までたとえば、マイカーで向かう場合、運転中および駐車場の混雑などが気にかかる。

　・探索ストレス：　実店舗内に入ると、目当ての商品の売場を探すことになるが、店舗規模が大きいほど、商品探索には手間がかかり、この種のストレスは高くなる。

　・雰囲気ストレス：　実店舗内では、客数（混雑度）や客層を意識する。通常、客数が過度に多かったり、客層との相性が自分とは合わなかったりすると早く店を出たくなる。

　・接客ストレス：　実店舗で買物をしていると、店員が寄ってきてプロモーションを始めることがある。自分のリズムで商品を選びたいのに、セールストークがうるさいとストレスがたまる。逆に、店によっては上から目線の店員がいたり、明

182　第7章　EC とオムニチャネル

らかに差別されたりすることでストレスがたまることもある[10]。

・**欠品ストレス：** せっかく時間をかけて実店舗まで来たのに、目当ての商品が欠品だったり、目の前で売り切れてしまう場合がある。無論、EC でも欠品はあるが、それはスマホやタブレットの画面で容易に確認でき、すぐに別サイトで希望商品を探索することができる。

・**待ち時間ストレス：** 購買商品を決め、精算しようとしたらレジ待ちの長い行列ができている場合がある。店舗での待ち時間の長さと顧客満足度は反比例的な関係にあり、実際、それの短縮で大きな業績向上がみられることがある[11]。

・**営業時間制限ストレス：** 薬や電球など突発的に必要になった商品を実店舗に買いに行ったが、営業時間外で購入できなかった。あるいは、悠長に買物をしていたら閉店時刻のお知らせが聞こえ、追い立てられるように店を出ることになった。

以上が実店舗に関わる主なストレス要因である。細かくみていけば、まだたくさんの項目を挙げることができるが、これだけをみても消費者がいかに実店舗から多様な心理負荷を受けているかがわかるだろう。

ところが、EC では、このようなストレスを抱くことはほとんどなく、その意味で買物コストは低いといえる。それは、EC が実店舗を持たず、人的接触のない仮想の小売業だからである。

4 ロングテールの効果性

4.1 EC の夢物語

　以上では、実店舗と比較した EC の競争優位性とそれを裏づける実店舗で発生する買物コストについて論じた。間違いなく EC には購買上、さまざまなアドバンテージがあり、近年そのことを実証するように飛躍的な成長がみられる。

　実は、EC には誕生当初から事業者を興奮させる、1 つの夢物語がある。それは、ネット上の仮想店舗は実店舗のような出店の際のコストがほとんどかからないため、売れ行きのいかんを問わず多様な商品を品揃えしておくことができ、結果として「範囲の経済性」が無限にはたらくという考えだ。

　EC は、ネットでつながる全世界の多様な価値観を有した無数ともいえる人々をターゲット（無商圏状態）にすることができ、どんな商品を品揃えしていてもどこかの誰かは購入してくれるので、どんな商品でもありったけ品揃えをすれば、無尽蔵の経営成果が得られるというのだ。小売店舗の物理的制約を有する実店舗では不可能なことが、EC では可能になるというのである。

　加えて、EC では商品の集中在庫がなされ、実店舗にあるような分散的な店舗在庫が存在しないので、この面でも事業者のコスト負担は軽減される。さらに、実店舗では古来から大きな問題となってきた「万引き」のリスクも EC の取引ではシステム上、起こりえないので、その面でも利益圧迫要因を排除できるとするのだ。

　かつて Anderson（2006）は、先述の「ロングテール」という

概念を創造し、売れ行きの悪い多数の商品群（これがロングテール）も、とりわけ店舗コストのほとんどかからない EC 上では無理なく販売に供することができ、これらのトータルの売上高が売れ行きのよい人気商品の売上高を凌駕することができると説いた。

確かに、個性的な商品の品揃えを低コストで際限なく拡大できるなら、多様化する消費者のニーズにマッチする可能性は高くなり、結果として EC サイトの経営成果は上昇しそうである。

4.2 品揃えの拡大による需要増大効果はあるか

ところが、この種の議論は仮説の域を出てはいない。専門家はこの種のビジネスモデルの経営成果の向上に関して、さまざまな疑問を呈している。たとえば、Hinz, Eckert and Skiera（2011）は、EC において品揃えを拡大しても、それが個人の需要をどれぐらい増大させるかに関しては不透明だと論じる。無論それは、EC に限らず、実店舗についてもいえることだ。システム上、品揃えを低コストで大幅に拡大することができたとしても、個人の購買額が上昇するかどうかはわからないのだ。

なるほど、商品選択肢の増加は、個々の消費者にとって非常に有難いことのように感じる。ただそれが本当に個人の需要増をもたらすのか、事業者にとってきわめて重要なトータルとしての経営成果の向上へと結実するのかという点に関しては、不明確だというのである。この疑問に関して、ハーバード大学の Elberse（2008）はより明快だ。彼は、EC 事業者がバーチャルモール上で品揃えを拡大したとしても、そのことが需要の変化（増加）をもたらすことはないと断言している。

ところで、「物」を伴わない「ソフト（デジタルデータ商材）」の配信ならば、品揃えの拡大に応じて、事業者の経営成果が上昇

する可能性が高いと考える向きは少なくない。なぜなら、ネット経由のゲームや音楽の配信では、店舗、品揃えに加え、在庫や物流などの多面でほとんどコストがかからないにもかかわらず、それとは対照的にほぼ商圏の制約は存在せず、販売機会は全世界的に広がっていると想定できるからだ。

しかしこの「ソフト」商品の品揃え拡大による需要増大効果すら否定する議論がある。上記の Hinz, Eckert and Skiera（2011）は、取り扱う品揃え数が拡大し、消費者の選択肢が増加して、これまで売れなかった商品の売上が発生したとしても、事業者の業績向上には直接つながらないとする。これは単純な相殺効果を指摘するもので、売れ行きの悪い商品が買われることになれば、その分、人気商品が買われなくなるだけで、最終的にトータルの需要増、業績向上は見込めないというのである。

事実、個性的な商品群を求めるマニアックな消費者の数は限定されていて、この種のマイナー商品の品揃えをいくら大幅に拡大したとしても、消費者の絶対数が限られている以上、トータルの売上高はさほど増えない可能性は高いと思われる。Elberse and Oberholzer-Gee（2007）は、たとえ品揃えを拡大したとしても、死蔵品の山が残るだけという厳しい指摘をビデオ販売の実証研究に基づいて明らかにしている。

ECにおける品揃えのあり方に関して、闇雲に品種を増やしても業績向上につながらないとするなら、実証データに基づいた「最適性」について考察する必要があるだろう。成熟市場下においては消費の多様化が顕著な動向になり、確かに小売店舗の品揃え幅の拡大が肯定的に受け止められる風潮にあるのは事実だ。ところが、ECサイトで遭遇するように、仮想空間上に何十億品目も品揃えられるとなると、別の疑問が沸いてくる。

品揃えには消費者の認知および精神上、「適正水準」があり、「過剰」になると選択不能に陥る問題が浮上するのである。この種の過剰選択肢の問題は、 Lindstrom（2008）および Iyengar（2010）が、事業者サイドから提供されるあまりにも過剰な品揃えは、かえって消費者の購買意欲を減退させてしまうことを実証研究に基づいて明らかにしている。人間には比較能力、気力、体力、時間などの制約があり、あまりにも多すぎる選択肢を目の当たりにすると、無力感に支配されてしまうのだ。

　実際、人間の選択の限界を超えた過剰な数の選択肢が、購買意欲を喪失させてしまうことは、多くの人が経験のあることだろう。筆者は、米国滞在中にこの感覚を経験したことがあった。ニューヨークのセントラルパークの南、ミッドタウンの東側にあるグランドセントラル駅構内に、グランドセントラル・マーケットがある。ここには「エキナカ店舗」でありながら、青果、シーフード、ハム、チーズ、パンなど、生鮮品を中心とする食品専門店14、15店が軒を連ねていたが、その中に以前から一度は訪れたいと思っていた「Adriana's Caravan」という店があった。その店は小規模なスパイス専門店でありながら、商品の品揃えは格別であって、なんと香辛料だけで400種類以上も揃えられていたのである。同店の看板には店名に続いて"Every Ingredient for Every Recipe You've Ever Read"（お客様が今までみてきたすべてのレシピのためのすべての材料があります）と書かれていた。

　さて、いざ香辛料を買おうと購買の段になったのだが、一応全部に目を通さなければ「最適」な選択はできない。しかしながら400種類もあると当然、それらのすべてに目を通すこと自体、非常に苦痛であったし、おびただしい数の選択肢の中から自分の価値観に最もマッチするものを探す作業も困難をきわめた。

「あまりにも多すぎる選択肢」という情報洪水に圧倒され、香辛料の中身の識別はもとより自分のニーズとはいったい何なのかすらわからなくなってしまい、結局購買ができなかったのだ。つまり人間は、品揃えが多すぎると、商品の中身の把握や選択の煩雑さ、そして自分自身の価値基準の不明確さから購買心自体を喪失させてしまう可能性が高くなるのだ。商品の多様性と絞り込みのバランスのとれた品揃えが重要な理由がここにある。

ただし、これは主に実店舗の問題のようにも考えられる。ECサイトには必ず、商品の検索システムが用意されているからだ。とりわけ昨今、商品探索技術は格段に進歩し、ランキングサイトやSNSの口コミなどの推奨システムの活用により、消費者は目的の商品を絞り込みやすくなっている。

だが、事業者の最大関心事は、これらのシステムが洗練化され、消費者に有効活用されることによって商品需要が拡大するのかという点であろう。

この疑問点に関しても、不透明性は拭えないのである。ランキングサイトや口コミなどの推奨システムの効果に関しては、Fleder and Hosanagar（2009）が独自の見解を述べている。彼らは、「商品の推奨システムは、ヒット商品への選好を高め、需要の分散を減少させる」とする。つまり、これはマタイ効果[12]の発現を説くもので、ランキングサイトの上位に入った商品はより人気が集中化し購買促進されるものの、評価の低い下位の商品の人気は離散し、購買されなくなるというのである。

ただ逆に、ユーザーフレンドリーな商品探索技術の向上は、需要の集中化を解消し、人気商品の地位を低下させるという見解もある。ネットを有効活用することによって、消費者の探索コスト（労力、時間等）が低下すれば、相対的に人気商品の重要性を低下

させることになると、Brynjolfsson, Hu and Simester（2011）は指摘しているのだ。なぜなら消費者は、より低い探索コストで自分のニーズに合致した個性的な商品を効率的に探し出すことが可能になるからだという。

以上から商品探索技術が、人気商品とマイナー商品の間の需要シフトに影響を及ぼしているであろうことは推測がつく。だが、それが特定の商品への人気の「集中や分散」のレベルを超えて、トータルとしての商品需要の向上につながるかどうかという点に関しては、依然不透明のままといえる。

以上から、EC が理論的に無制限の数の商品をほとんどコストをかけずに品揃えでき、高度な商品探索システムによって迅速に必要商品に到達できるシステムを保証していたとしても、トータルの経営成果の向上に寄与するかどうかはわからない。つまり、EC の夢物語は依然、夢の中にあるといえるのだ。

5 実店舗の競争優位性

とはいえ現下、EC の成長は顕著で、伝統的な実店舗のマーケットシェアが浸食されているは厳然たる事実である。冒頭に記したように、EC には消費者ニーズに合致した競争優位性があるからなのだが、興味深いことに、筆者がこの種の議論をすると、EC が将来、実店舗小売業を淘汰・席捲してしまうのではないかと問われることがある。きわめてナイーブな疑問なのだが、この種の疑問を抱く人々は、しばしば物事を単純に新しいものと古いものに２分割し、新しいものが伸長すると、古いものはいずれ「完全淘汰」されてしまうと考えがちなのだ。

だが、そんなことはほとんど起こりえない。第2章で論じたように、たとえば実店舗小売の世界でもスーパーマーケットが台頭したときに、中小零細流通業者はいずれ駆逐・淘汰されてしまうと説く「流通革命論」が脚光を浴びたことがあった。しかしながら、1962年に登場したこの議論は、すでに過去の遺物になっている。それは個々の小売業が異なった特性・機能を持っているからであり、スーパーであっても、中小零細小売店の内蔵するあらゆるメリットを凌駕するほどのパーフェクトな店舗特性を持ち合わせてはいないからであった。

　さて、ECと実店舗小売業に話を戻そう。これも上記のスーパーと同様で、実店舗小売業にはECにはない固有の競争優位性があり、それらが存在し続ける以上、既存の実店舗小売業が完全に淘汰される日は来ないといえる。ECだけで、すべての実店舗小売業が内包するメリットを消費者に提供できるわけではないからだ。

　そこで以下では、ECではカバーしきれない実店舗小売の主な競争優位性について明らかにしておきたい。

　1つ目は、五感確認である。一般に消費者は、商品を購入する際に、実際に目で見て触って納得して購買したいと考える。とくに鮮度を要する生鮮品や失敗できない高額品になれば、その傾向は強くなる。もちろん、ECで提示されるスマホ画面やパソコンディスプレイ上の映像情報は高質化してきている。

　だが、どんなに画像が高質化しても、実際に目で見て、手にとって触った感覚とは異なる。たとえば、高級ブランドのバッグの場合、外観だけでなく、革の質感、風合い、そして匂いまでもが購買意思決定を左右する重要な選択要素になる。このような「実物」が発散するビビッドな感覚、臨場感を体験できる「五感確

認」は、実店舗でなければ得られないものだ。逆にいえば、実店舗にはその種の競争優位性があるがゆえに、たとえば家電量販店などで、商品をトライアルし、専門的な説明を受けることができる「ショールーミング」が現象化したといえる。

2つ目は、応答性である。商品を購入する際、特に機能的に複雑な商品であったり、ジュエリーのような高額品であった場合には、最終的にお金を払う時点で十分納得したいと思う消費者が多い。いざ購買決定となった段階で、支出を納得させるためのさまざまな質問を投げかけたくなる。負担コストを考えた場合、失敗のリスクを少しでも回避したいからだ。このようなとき、逐次応対してくれる店員がいるのといないのとでは大違いである。

なるほど、ECでも双方向性がアピールされ、実際にユーザーが質問を発し、事業者から返答を得ることは可能だろう。しかしその応対は、実店舗で実際に対面している店員の場合に比べてずっと遅くなるし、文字情報での返答となると中身も形式的で限定されたものになってしまう。実店舗における逐次応答こそ、商品の中身を理解するうえで最も迅速で、的確な方法といえる。それゆえ、この応答性も実店舗小売業の方に間違いなく分があるといえる。

3つ目は、即時性である。ホットな清涼飲料水や弁当のような今購入してすぐに消費したいと思う商品の購入先としてECは不向きである。たとえば、消費者がホットの缶コーヒーを飲みたいと思った場合を想定してみよう。近隣の自販機やコンビニに行けば、せいぜい10分前後のリード・タイムで購入が可能だ。だが、いかにECの物流が進歩しようと、このレベルの極短リード・タイムで、かつホットのままの缶コーヒーを単品で物流してくれることはありえない。なぜなら、商品の在庫地点と、消費者の入手

希望地点との間に地理的なギャップがあり、EC の場合、実店舗に比べて不可避的に長いリード・タイムをとらざるをえないからである。

アマゾンや楽天市場をはじめとして、配送のリード・タイムを短縮化する動きは盛んである。しかし、それでも 1 日単位のタイムラグは必ず発生する[13]。

比較的近い将来、この EC のネックであるリード・タイムも、平均ベースで半日（当日配送）くらいに短縮化されるかもしれない。しかしすべての商品がすべての地域の消費者に対して、このような高速物流サービスを提供できるわけではないだろうし、たとえ提供可能になったとしても、半日レベルのリード・タイムがかかるとするなら、即時的ニーズを満たしてくれる実店舗には適わない。つまり、消費者にこの即時性ニーズが残存する以上、EC だけの小売世界はありえないのだ。

4 つ目は、団らん性である。たとえば、ショッピングモールへの訪問を考えた場合、われわれは商品の購入のためだけに出向しているわけではない。家族と、友人と、恋人と楽しい時間を共に過ごすためにショッピングモールは存在している。この場所で人々は、多彩な商品やショップをウィンドゥ越しに見て歩き、フードコートで食事をし、観覧車に乗り、シネマコンプレックスで映画を鑑賞してウォームハートなコミュニケーションが交わされることで、精神的充足感を得るのである。

リアルな商業施設はこのように単なる購買空間を超越した、プラスアルファとしてのアメニティ空間としての機能も併せ持っている。EC も「バーチャルモール」といわれるように、「モール」という言葉が使われることがあるが、家族や恋人と一緒に団らんの時を過ごせるわけではない。スマホ画面やパソコンのディスプ

レイを一緒に眺めながら楽しい団らんの時間を共有できるのかというと、なかなかそうはいかないのである。それは、リアルの商業施設が持つ3次元の存在感や臨場感が欠落しているためである。

5つ目は、情緒的価値である。購買頻度のあまり高くない高額品や贈答品などをコーポレート・ブランド価値のないEC事業者経由で購入すると、問題が起こる可能性がある。たとえば彼女へのエンゲージリングをネットショップでより安価なものを探索して、化粧箱も付けないまま渡したら、どう思われるだろうか。おそらく彼女は「エッ!?　ネットで買ったの？」と驚き、「私のことを安っぽく見て」と憤ることだろう。贈った側は「中身は同じなんだから（安くても）いいだろう。その方が得だろう」と経済合理性を強調して開き直ることはできないのが通常だ。

お中元やお歳暮のような贈答品の場合も同様だ。やはりコーポレート・ブランド価値のないEC経由で贈れば、「今時の人は常識がない」と苦笑されることだろう。このタイプの商品の場合、まず包装紙（たとえば、有名百貨店）にブランド価値があり、さらに語弊を恐れずあえていえば「高く買った」ことに意味があるのである。実店舗に出向くという面倒な手間をかけ、高い買物コストをかけたところに「思いやり」という情緒的価値が醸成されるのである。

このように実店舗小売業に、「ECには代えがたい」競争優位性がある以上、いくらECが他の特性で利便性や合理性を発揮しようと、すべてを代替することは不可能である。無論、まだまだ伸びしろが大きいECに実店舗小売のマーケットは侵食されることだろう。だが、ECとの機能面の違いを明確に打ち出す実店舗小売業は未来永劫なくなる日は訪れず、棲み分け的に共存していくことになるだろう。

5　実店舗の競争優位性　　*193*

6 EC と実店舗の相乗効果

6.1 ショールーミング

　EC による実害の存否は別にして、実店舗小売サイドに心理的な脅威と不快感を与えた現象に、「ショールーミング」がある。上でも触れたように、「ショールーミング」とは、主に家電量販店のようなカテゴリーキラー（専門大店）において、消費者がまず現物の商品を実見し、店員から説明を受け、トライアルをして、五感で商品の良さを体感する。だが、そこでは商品を買わずに店を出てしまう。そしてカフェや自宅、オフィスなどでスマホを開き、EC サイト、価格比較サイトをネットサーフィンして、実店舗で見て気に入った商品を最も低価格で提供している事業者をみつけ出し、そこで購入する。つまり、実店舗は、五感で商品の中身を知る情報収集拠点でしかない。まさに実店舗は商品陳列のショールームとしてしか機能しないので、消費者によるこのような行為を「ショールーミング」というのである。

　これは消費者の①経済合理性と、②失敗のない購買意思決定の実現というニーズを反映している。画像やテキスト情報中心のEC では実物としての商品の内実を伝えることには限界があり、実物をみながら品質評価の勘所について具体的に説明を受けることができる実店舗に「ショールーム」としての価値があるのである。

　ただし、このような形で実店舗が利用されることに関して、当然、当事者サイドは、不愉快きわまりないことだろう。自店での購買を前提に、懇切丁寧に説明しているにもかかわらず、商品情

報を提供した後には、別のところで購買がなされてしまうからだ。ちょうど、専門情報のフリーライド（ただ乗り）をされているのと同じ不快感が残ると思われる。

しかしながら、実店舗サイドからすると、入店した客が、ショールーミング目的のフリーライダーなのか、実際に購買してくれる可能性のある潜在顧客なのかは、見た目では識別できない。それゆえ、誰に対してもきちんとした接客サービスは不可欠になる。実店舗事業者が抱く不快感や焦燥感は、想像に余りある。

6.2 ウェブルーミングとO2O

とはいえ、上記の通り、実店舗には、ECでは得られない多様な競争優位性が存在する。それらの特性をきちんと洗い出し、それを差別的な「強み」に磨き上げられるなら、今後とも実店舗は相応の成果を上げることは可能である。

ただし、上記のようなEC対実店舗という対立の構図で考えるよりも、もっと時代にマッチしたよい方法がある。それは、実店舗もデジタル手段を有効活用することである。

言うまでもなくECは万能でも、無敵の存在でもなく、一販売チャネルでしかない。事実、時代性と投資コストの安さに幻惑され、雨後の筍のように叢生した多数のEC専業者は、瞬く間に淘汰されていった。

非常に興味深いことに、消費者のECの使い方をみると、ショールーミングとは逆のパターンが頻繁にみられる。それは、「ウェブルーミング」というものだ。これはまず、消費者がスマホやパソコンでECサイトを閲覧した後で、実店舗におもむき、そこで商品の購買を行うという現象だ。ショールーミングとは真逆の行動パターンだが、興味深いことにこのウェブルーミング・パタ

6　ECと実店舗の相乗効果　　*195*

ーンをとる消費者の方が多いという調査結果がある[14]。このような購買行動が多くみられる理由は、消費者が実店舗に向かう前にまず、手軽なネットで商品や価格、そして販売場所などを確認し、その後に商品の実物を見てその良し悪しを体感してから、購買決定をすることにある。

　このウェブルーミングを促進する手法として、実店舗業者によるO2Oがある。これは「Online to Offline」の略で、当該事業者サイドがネット（たとえばSNS）を通じて実店舗で使用できるクーポン等を消費者（SNSのお友達登録者）に配布することで、ネットから実店舗への送客を促すものである。ショールーミングの危機に瀕した実店舗サイドが考案した手法である。

　かつて大手コンビニのローソンでは、LINEを利用し、「Lチキ」の半額クーポンを配布して大成果を上げたことがある。このキャンペーンでは、約10万人にクーポンを利用してもらったという。この数もさることながら、驚くべきはクーポンの引換率だった。通常のSNSのクーポンの引換率は、配布数の3％ぐらいといわれるが、このキャンペーンでは実にその倍に当たる約6％の引き換えがあったという（野口 2013）。

　また、O2Oには、逆の流れもある。それは「Offline to Online」で、これはショールーミングを包含するが、それだけではない。たとえば、実店舗を訪問してくれた消費者がそこにお目当ての商品がなかった場合に、実店舗小売業者は自社のECサイトへ誘導するというものだ。ライバルの実店舗やECに消費者が流れないように、囲い込む手法である。

6.3 オムニチャネル

⑴ 実店舗主体のオムニチャネル

高度情報化時代の小売マーケットでは、実店舗か、EC かという二者択一論ではなく、相互の競争優位性、固有の特性をしっかりと見極め、双方のアドバンテージをシームレスに融合して、大きな小売シナジーを創造し、消費者に最高のベネフィットを提供できるところが勝利者となるだろう。

それを具現化する概念が「オムニチャネル」である。これは、オムニバス・チャネルの略で、小説のオムニバス形式を語源とし、各パートが独立した物語を紡ぎながらも、最終的には壮大な1つの統一ストーリーへ収れんしていく様をたとえたものだ。小売流通においては、ネット（EC）からリアル（実店舗）へ、そして逆にリアルからネットへという送客がスムーズにできる柔軟性の高いリアル・バーチャル統合チャネルのことを「オムニチャネル」という。

実際のオムニチャネルは、基盤となる運営主体の相違に基づいて、次の2つの構築・展開スタイルに大別される。

1つ目は、筆者が「上方二階建てシステム」と呼ぶもので、実店舗小売業が主体となって EC サイトを展開する方向である。実店舗小売業での販売額（これが一階）をベースにしながら、その上にネット通販の販売額（これが二階）を積み上げるスタイルで、仮想サイトの立ち上げに若干のコストがかかるものの、それは実店舗を構築する場合に比べ、ずっと低コストである。

国内流通企業の雄、セブン＆アイ・ホールディングス（以下、セブン＆アイ）は、「オムニ7」と名づけたオムニチャネルを構築することで、単体の EC よりも利便性の高い商品供給システムを消費者に提供している。

オムニ7とは、同社のECとセブン-イレブン、イトーヨーカドーなどの実店舗とを融合させたハイブリッド・チャネルである。このシステムでは、セブン＆アイがこれまで展開してきた「セブンネットショッピング」「e.デパート」などのネット通販サイトで取り扱われる多様な商品を品揃え、消費者はこれらの商品を自分のスマホやパソコン、あるいは店舗に備えられたタブレットなどから注文することができる。これまで主に業態別に立ち上げられていた同グループの各ネット通販サイトを横断的に利用できるので、発注、精算などの面で消費者の利便性が高い。

　加えて、ネット経由で注文した商品を自宅だけでなく、最寄りのセブン-イレブンでも受け取ることができるので、消費者は自己のタイミングで商品を入手することができる。これは「クリック・アンド・コレクト」というシステムで、実店舗での受け取りの場合には送料はかからないメリットがある。リアルを基盤に、バーチャルとのシームレスな統合により構築されたチャネルだからこそ実現できるメリットといえる。

　以下では、同システムのより詳細な特徴について明らかにしておきたい。

　1つ目は購買のタイミングを逃さないことである。消費者がスマホやタブレットなどを有し、ネット環境が整っているならば、いつでもどこからでも時空間の制約を受けずに注文することができる。消費者は欲しいときに欲しいものを購買でき、セブン＆アイは機会損失を避けることができる。ただし、この特徴はオムニ7固有のメリットではなく、ネット通販サイト全般に当てはまることである。

　2つ目は多様な商品の取揃発注ができることである。セブン＆アイにはスーパー、コンビニ、百貨店、専門店など多様な小売業

態が内包されており、同社の通販サイトもそれに応じて多様である。オムニ7では、これらの通販サイトで扱われている多数の品目をミックスして購入することができる。また、通常のECでは入手できない個性的なプライベート・ブランドの購入もでき、消費者の選択肢は多い。

3つ目は商品受け取りの随時性を享受できることである。オムニ7では、上記のクリック・アンド・コレクトが大きな武器になっている。これは、ネット通販で注文した商品を自宅ではなく、近場のコンビニ等で受け取れるシステムである。通常のEC取引では基本的に自宅が受け取り場所になり、ユーザーは諸種の面倒に遭遇する。というのは、自宅受け取りの場合、商品を受け取るために幅のある到着日時に必ず誰かが留守番をしていなければならず、いつ届くのかといった待機ストレスが溜まる。これが近隣のコンビニで、いつでも自分の都合のよいタイミングで商品を受け取ることができるならば、待機拘束のストレスから解放されることになる。

また、コンビニでの受け取りは、プライバシー性を維持できる点も重要だ。家人に知られたくないような商品を購入する場合、あるいは通販利用という事実自体を知られたくない場合、コンビニでの受け取りは郵便局の局留と同じようなプライバシー性を維持できる。

加えて、同システムを通じて注文がなされた商品には、配送料や手数料はかからない。そして商品受け取り場所で返品や返金の受付もなされるので非常に便利である。

さらに、トータルの低コスト化にも寄与する。実店舗での随時の受け取りならば、宅配業者による不在時の再配達の必要性が皆無になる。国土交通省の2018年10月期の調査によれば、宅配便の

総個数のうち約15.2％が再配達に回されている[15]。クリック・アンド・コレクトでは、この種の無駄なコストが一切かからないのである。

4つ目は、EC と実店舗の「相乗効果」を期待できることである。EC で発注した商品をコンビニで受け取る場合、商品を受け取ってすぐに店外に出てしまう人もいるだろうが、店内を見回し、非計画購買をする人も少なくないだろう。せっかくコンビニに立ち寄ったのだから、欲しいものを探し、「ついで買い」をするパターンである。Underhill（1999）によれば、実店舗における非計画購買の比率は60〜70％にのぼるという。実店舗を有する小売業がクリック・アンド・コレクトに取り組んだ場合、この種の相乗効果を得られるのである。

以上のメリットから、今後、オムニチャネルに取り組む実店舗は増加することだろう。バーチャルとリアルが融合したこの新チャネルは、小売シナジーを得られる可能性が高く、そして特筆されるべきことはそれに取り組むところは、実店舗の売上も伸びるといわれているからである。

⑵　**EC 主体のオムニチャネル**

オムニチャネルのいま1つの形態は、最初に EC 企業を立ち上げ、それで一定の成果を上げた事業者が実店舗小売業に進出するケースである。これは上記とは逆に、EC 事業をベースにしながら、その下に実店舗小売業を築く形なので、筆者は「下方二階建てシステム」と名づけている。

EC の代表企業は、言うまでもなくアマゾンである。「ショールーミング」という高度情報化時代の購買スタイルを定着させ、ボーダーズ（書店小売）やトイザらス（玩具小売）などの大型実店舗に深刻な影響を及ぼしたのは周知の事実である。

しかしながら、実店舗にも上述のような「五感確認」「応答性」「即時性」などの差別的優位性があり、EC 単独の展開では消費者に内在するこれらのニーズを充足することはきわめて難しい。アマゾンでは、プライム会員向けに配送料の無料化や配送時間の大幅短縮、過去には無理と思われてきた少額商品の単品受注まで可能にしてきた。

　ただ、「五感確認」だけは、EC 専業者では物理的に克服不可能である。彼らは消費者に商品画像や説明テキストを提示するだけで、商品の質感、風合い、匂いなどの「物性」に関して、どう頑張っても提供できないのである。消費者にとって、鮮度重視の食料品や失敗したくない高額商品の購買では、その意思決定前に「五感確認」を行うことは不可欠ともいえる。消費者にこのようなニーズが存在する以上、EC 専業者の中にはそこに企業成長のチャンスを見出して、実店舗小売事業へ進出するケースもみられる[16]。

　実は EC の雄、アマゾンの実店舗展開は意外なほど早い。2015年11月に書店の「アマゾンブックス」をシアトルに開業している。2018年時点ですでに17店舗ほど出店しており、「とりあえず実店舗を出してみた」といったトライアル・レベルを超えた本格出店の印象である。ただ店舗規模は総じて小さく、陳列タイトル数も数千のオーダーと少ない[17]。陳列方法はユニークで、本棚に差し込む方式ではなく、すべて表紙を表に向けた状態で棚に並べられている。無尽蔵の品揃えをする EC とは違って、実店舗では販売効率の高い書籍に品揃えを絞り込んでいるので、このような陳列法ができるのであり、その結果消費者の発見ミスによるチャンス・ロスを大幅に回避することができる。タイトルの選別は、アマゾンでの評点、アマゾンでの販売実績や予約動向、グッドリー

6　EC と実店舗の相乗効果　*201*

ド（Goodreads）でのレビュー、そしてアマゾンブックスでキュレーターと呼ぶ書籍のソムリエのような人物による評価などによって決定されている。

当然のことかもしれないが、実店舗展開は、EC での提供の難しい生鮮食料品分野でも実施している。アマゾンは2017年３月に、プライム会員向けにドライブスルータイプのスーパーマーケットをシアトルで開業している。これは「アマゾンフレッシュ・ピックアップ」と名づけられたもので、生鮮食料品や日用品をスマホで注文し、予約時間に受け取りに行くというスタイルの店舗である。営業時間は午前７時から午後10時までで、注文から受け取りまでの最短リード・タイムは15分と短く、実店舗としての利用価値はあるようにみえる。だが、この店舗はクローズドシステムをとっており、利用可能者はプライム年会費99ドルを支払った会員だけである。

また、「実店舗」とはいうものの、それは品出しのための倉庫スタイルのいわゆる「ダークストア」[18]で、かつ包装まで完了した注文商品をドライブスルーで受け取れるだけなので、利用者は一般的なスーパーで行えるような店舗内回遊や個別商品の選別（五感確認）をなすことはできない。つまり、この実店舗は、ネットで注文したものを好きな時間に受け取れる「受取窓口」とも言い換えることができ、その意味では「クリック・アンド・コレクト専用店舗」といえよう。

アマゾン保有の「五感確認」可能な本物のスーパーは、ホールフーズマーケット（以下、ホールフーズ）である[19]。同社は2017年８月に、137億ドル（約１兆5000億円）の巨費を投じて、主にオーガニック食品を取り扱う高級スーパーのホールフーズを手に入れた。この買収の意図に関して、米国のトレンド解説誌『The

Atlantic』のライターであるトンプソンは、多数のアナリストの見解を参考にしながら次の3点に集約している（Tompson 2018）。

1つ目は、アマゾンがホールフーズと一体化することで、人気商品の価格を引き下げることができ、来訪客数とトータルの収益を増大できる。

2つ目は、上・中流階級を商圏とする400箇所以上のホールフーズの店舗を、商品流通の結節点（nodes）として活用できる。

3つ目は、消費者がスマホでホールフーズに生鮮食料品を注文したり、それを自宅まで届けてもらえるよう、組織転換を行うことができる。

アマゾンのホールフーズ買収意図に関して、この Tompson (2018) の整理を念頭におきながら筆者なりの見解を述べてみよう。

全米および英国に497店舗（2019年3月時点）を擁するホールフーズという実店舗を手中に収めたアマゾンは、これを通じて巨大市場である生鮮食料品マーケットに参入することができた。これにより、新たな収益の柱を手に入れたわけである。そしてそれだけでなく、五感確認する消費者の購買行動を直接観察・分析することができ、より包括的な小売マーケティングのノウハウを獲得するチャンスを得たのだ。

また、分散的に立地する実店舗を多数内包することにより、消費者が自宅以外で随時商品を受け取れる「受取窓口」を設置することができた。つまり、アマゾンは、ホールフーズの各店舗を利用して「クリック・アンド・コレクト」を実践できる拠点を得たのだ。この結果、アマゾンは EC と実店舗を有する単なる複合小売から両者のアドバンテージをフルに生かし、名実ともにオムニチャネル戦略を実行できるハイブリッド小売業者になったといえ

る。

　さらに、実店舗を在庫・出荷拠点として活用する基盤も得ることができた。アマゾンは、消費者のリクエストに応じて、ホールフーズの各実店舗から消費者に向けて店内で扱う商品を出荷することができるようになった。これは、ネットスーパーとしての役割を果たすもので、実際同社は、2018年からホールフーズで取り扱っている商品を直接消費者に配送し始めている。このような実店舗の倉庫的利用は、ECにも生かされている。同社は、生鮮品のECプラットフォームであるアマゾンフレッシュのための在庫・出荷拠点として、ホールフーズの店舗や在庫施設を結節点として有効活用しつつある。

　そして最終的に、バーチャル店舗とリアル店舗の両小売業から得られたデータを包括的に収集・分析することで、消費者の購買行動への理解を深め、それをオムニチャネル戦略の立案と実行にフィードバックすることで、巨大な経営成果を得ることができるようになってきているのである。

7　結　語

　以上、今後の小売流通に関して、上方および下方に広がるオムニチャネルの「二階建てシステム」の動向について論じた。繰り返す通り、これから大きく発展していく小売企業は、バーチャル（EC）か、リアル（実店舗）かという二者択一論ではなく、双方の差別的優位性をきちんと理解し、それぞれのアドバンテージを十分生かせるような形でオムニチャネルを構築し、小売シナジーを創造できるところだろう。このベクトルに沿い、消費者利益の

さらなる増進に寄与する小売進化に期待したい。

　次章では、本書の総仕上げとして、今後の流通変化の動向について展望してみたい。現状ではまだ一般に認知されていないが、すでに未来の変化につながるシグナルが多数出てきている。これらを明確にし、流通のダイナミズムと未来図を描いてみたいと思う。

■ 注

1）この数値は、『平成10年度　電子商取引に関する市場規模・実態調査』（通商産業省、1999年）を参照した。

2）ECの市場規模、およびモバイル経由のEC取引の数値は、『平成29年度　我が国におけるデータ駆動型社会に係る基盤整備（電子商取引に関する市場調査)』』（経済産業省、2018年）に基づくが、上記『平成10年度　電子商取引に関する市場規模・実態調査』の数値との整合性はとれている。

3）これらの数値は、"How Many Products Does Amazon Sell Worldwide-January 2018," Scrape Hero（https://www.scrapehero.com/how-manyproducts-amazon-sell-worldwide-january-2018/）を参照した。

4）Anderson（2006）が唱えた「売れ行きの悪い商品を多数含めた多様な品揃え」のこと。

5）無論、言語や取引方法の相違から実際上、世界中は無理だが、昨今、国際間でEC取引を行う「越境EC」も盛んになる趨勢にある。

6）商品を購入しようとする買手が、複数の売手から競争入札的に低価格の提示を募るものである。

7）一応、実店舗でも類似のものとして家電量販店が行っている最低価格保証があるが、レシートやチラシを持って複数の店舗間を巡りいちいち説明しなければならない消費者の手間を考えると、利用は限定される。

8）「人口推計」（総務省、2019年）によると、2018年11月時点での高齢者比率は28.1％である。

9）筆者が米国滞在時によく利用していたセーフウェイでは、袋詰めされた荷物を駐車場のマイカーまで運んでくれた。

7　結　語　　205

10) 筆者の知人は、英国のある老舗の高級百貨店の家具売場で店員に
まったく見向きもされず憤慨していた。

11) ハンバーガーチェーンのマクドナルドでは、客の待ち時間を30秒
縮めると5％の売上増がみられ、1秒縮めるだけで8億円の売上増
になるという。原田泳幸「日経電子版フォーラム基調講演　マクド
ナルドの回復と発展、それを支える e-ビジネス」(http://www.nikkei.
co.jp/hensei/sympo1007/harada3.html)。

12) 社会学者のロバート・マートンが、『新約聖書』のマタイ福音書13
章12節の「持てる者は与えられ、より豊かになるが、持たざる者は
持つものまで奪われる」(筆者訳) から命名した法則である。本来、
「格差」の助長効果について明らかにしたものであるが、ここでは
「人気が人気を呼ぶ」というポジティブ・フィードバックとして使用
している。

13) アマゾンは「アマゾンナウ」や「アマゾンフレックス」という短
時間配送、ドローンを使った「アマゾンプライムエアー」などを開
発しているが、在庫拠点の制約から物流地域は限定される。

14) この調査結果は、Janet Stilson "Study Shows Prevalence of Con-
sumer 'Webrooming'," ADWEEK, May 9, 2014 (https://www.adweek.
com/brand-marketing/study-shows-prevalence-consumer-webrooming-157576/)
を参照した。

15) この結果は、国土交通省「宅配便再配達実態調査（平成30年10月
期)」(http://www.mlit.go.jp/seisakutokatsu/freight/re_delivery_resear
ch.html) に基づいている。

16) 無論、実店舗小売業の進出動機には、ビジネスチャンスだけでな
く、消費者の購買行動の把握（データ収集）や配送拠点の確保など
別の理由もある。

17) ちなみに、初出店のシアトル店は5000タイトルであった。

18) 日本でも、ネットスーパーのための品出し倉庫としてダークスト
アを備えているところがある。

19) この他に、アマゾンは「アマゾンゴー」という近未来型の無人コ
ンビニを作っているが、こちらに関しては次の最終章で説明する。

第8章

流通の未来

1 はじめに

　現下、流通は大きなメタモルフォーゼのただ中にいる。それは生物の進化になぞらえれば、「光スイッチ」を獲得し始めているといってよい。はじめての有眼生物の原始三葉虫は、視覚情報の獲得（これが光スイッチ）により、それ以外の無眼生物に比べ、捕食－被捕食の関係上、圧倒的に有利になった。現代流通は、IoT、AI、ロボット、センサー等、多様なイノベーションの開発・導入により、光スイッチレベルの進化を遂げようとしている。

　本章では、これまでとは比較にならないほど高次元のスマート化を実現しつつある小売流通、卸流通に関して、主に未来への進化のシグナルについて明らかにしていきたい。

2 パーフェクト小売業の想定

　商品の入手は便利で、気楽で、満足できる価格ほどよい。どんな小売業が「理想」なのかはもちろん個人の好みの問題だが、筆者がこんな小売業があったら最高と考える「パーフェクト小売業」を描いてみたい。それは次のようなものだ。

　「ニーズを意識したとき、どこの場所であっても、それを満たしてくれる商品リストを瞬時に提案してくれて、その実物（サンプル）を目で見て、触って確かめられ、リーズナブルな価格であり、購買意思決定をしたと同時に入手することができ、レジのような面倒な決済手続きが不要。そして、その購買過程では買物だけでなく、デートや家族の団らんを楽しめ、プライドを充足させてくれることも望まれる」

　もしもこのような小売業があれば、「最高」と考える方は少なくないだろう。ただ、現実を考えると、「不可能だ」と思ってしまう。この「不可能だ」と考える背後には、「我慢」が潜んでいる。ところが、小売業態の進化は、従来「できない相談」「叶わぬ夢」と思われてきた消費者のニーズをイノベーションによって実現してきた歴史ともいえる。

　そこでまず、これまで消費者が小売業に求めてきたニーズにはどのようなものがあるのか、それを構成する細分ニーズについて明らかにしてみたい。

　①専門性……差別的優位性のある技術やサービスに対する欲求である。古代の生産的小売業者である行商人は集中生産体制をと

208　第8章　流通の未来

ることで一般人には作れないレベルの専門的な商品の提供を可能
にした。また、スーパーは取り扱いの難しい腐敗性のある生鮮食
品の品揃えで、ホームセンターは家庭設備に関わる専門品の品揃
えで、ブティックは洗練された接客サービスで消費者の専門性の
ニーズを満たしてきた。

②多様性……選択肢の多さに対する欲求である。古くはオール
インワン店舗であったよろず屋がこのニーズを満たしていたが、
その後は大規模化が図られ、百貨店、通信販売、総合スーパー
(GMS)、ショッピングセンター、そして近年ではバーチャル空間
上におびただしい数の商品を品揃えする EC（Electronic Commerce）がこの種のニーズを満たしている。

③経済性……取引の際の「低価格」の欲求である。予算制約の
ある消費者にとってきわめて基礎的な欲求であり、小売業者にと
っても集客力を高められる手っ取り早い手法なので、それを実現
するために多様なイノベーションが開発されてきた。

店内在庫をなくした通信販売、卸売機能を内蔵したチェーンス
トア、セルフ販売方式を開発したスーパー、低コスト化のために
店の内外装どころかまともな陳列すら行わないディスカウントハ
ウス等である。

④利便性……購買の際にかかる肉体的および心理的負荷の軽減
の欲求である。コンビニエンスストアがこのニーズを満たす典型
業態である。当業態は、フランチャイズ方式の開発・導入により
多店舗の分散立地を可能にし、その結果として消費者のアクセス
を格段に改善した。また、営業時間を長くすることで、消費者の
即時的ニーズにも応えてくれた。現在は、スマホ（インターネッ
ト）を使っていつでも、どこからでも注文できる EC がさらに高
度な利便性を実現してくれている。

2　パーフェクト小売業の想定　　209

⑤実見性……購買する商品の実物を確認したいという欲求である。高額品や生鮮食品には品質のチェックが必要なため、それぞれを扱う高級ブティック、食品スーパーといった実店舗が志向されてきた。対照的に、伝統的な通信販売や EC のような無店舗小売業ではこの種のニーズは満たせない。

⑥娯楽性……買物以外の付加価値を求める欲求である。かつては百貨店の屋上に遊戯施設があり、遊園地感覚で楽しめたものである。今は、ショッピングセンターがこの種の欲求をより高度に叶えてくれる。同施設では、小売テナントだけでなくシネマコンプレックス、レストラン、カフェ、さらには米国ミネソタ州のモール・オブ・アメリカ（MOA）のように本格的なアミューズメント施設を揃えるところもあり、長時間滞留型のエンタメ空間を提供している。

⑦矜恃性……自己のステータスやプライドを充足したいという欲求である。百貨店や高級ブティックが典型で、優美な内外装を施した店舗空間、上質の接客等により消費者に情緒面の満足感を提供してきた。商品価格は高くとも、というよりあえて高い価格（名声価格）を設定するがゆえにこの種のニーズは満たされてきたといえる。

以上から、消費者は小売業に対して、きわめて多様なニーズを有していることがわかる。

図8-1 小売差別化度イメージ

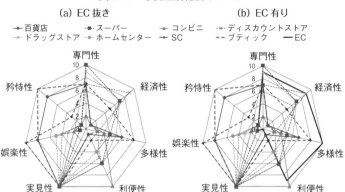

注) グラフのもとになるデータは、筆者のこれまでの調査および経験による。

3 小売業態の差別的優位性

3.1 小売差別化度を表すレーダーチャート

　ある程度長期間サバイバルしてきた小売業態には、消費者ニーズに合致する差別的優位性が存在したと思われる。そこで、この点を明示するため、消費者が小売業に求めてきた専門性、多様性、経済性、利便性等の細分ニーズを軸としたレーダーチャートを描いてみたい。これらの軸に沿って主要業態の水準をプロットすることで、それぞれの業態特性が「可視化」でき、業態固有の優位性（差別化度）が明らかになるからだ。

　図8-1は、目下流行のECを除いたレーダーチャート(a)と、加えたレーダーチャート(b)である。まず、(a)をご覧いただくと、各業態の個性が色濃く出ていることがわかる。たとえば、スーパーは、鮮度が命の生鮮食品をメインに扱っているがゆえに専門性

および実見性の水準が高い。対照的に、ショッピングセンターは商品購買を超えた娯楽性が、ブティックは矜持性が格段に高いが、経済性の水準は低くなっている。

　つまり、各業態には固有の差別的優位性があることがわかる。逆にいえば、消費者の琴線に触れる何らかの差別的優位性があったからこそ淘汰されず、長い時代の荒波を乗り越えサバイバルしてきたともいえる。

3.2　業態ミックスの考え方

　小売業の歴史を紐解けば、自給自足状態から行商人がモノづくりの専門性を生かした商品を提供してくれるようになることで、消費者は外部化のメリットを享受できた。また、チェーンストアの登場により、アクセスの利便性と同時に低価格という経済性を手に入れることができた。これらの根底には集中生産、チェーン・システムというイノベーションがあり、それが従来不可能と思われてきたことを実現したのである。

　消費者のニーズは本来、カスタマイズを志向しており、多方向に向いた多元的ベクトルと捉えるのが適切である。そして、そのベクトルは、時代を経るごとに要求水準の高まりとそれを満たすより高度なイノベーションの登場によって、レーダーチャートの輪を広げるように拡散している。

　この拡散の輪を形成する小売業態は、他の業態では代替できない消費者ニーズにマッチした差別的優位性を有している。それゆえ、消費者にとってはどの業態も、不可欠な購買施設なのである。上記の通り、コンビニはアクセスの容易さで、スーパーは鮮度の高い食品の提供で、百貨店は高級品（贈答品や高級惣菜）と洗練された接客サービスの提供で、ディスカウントストアは低価格で、

212　第8章　流通の未来

ショッピングセンターはアミューズメント施設の併設で、かけがえのない存在だった。

消費者は、これら個性を持った小売業態をTPOに応じて使い分けてきた。つまり、われわれの商品購買は、多様な個性を有した小売業態の「業態ミックス」によって成り立ってきたのである。

ところが現在、その業態ミックスが変容しつつある。

4 オセロ効果

流通研究の分野でフォード効果[1]と呼ばれるものがある。これは国が貧しいときには、生活必需品小売店の構成比が高く、豊かになると相対的に奢侈品小売店のそれが上昇してくるというものだ。エンゲル係数の小売構造版である。スーパーやコンビニのような業態店の比率が高い現代ではあまり当てはまらなくなった法則だが、流通研究の分野では一定の評価を受け、しばしば引用されている。

筆者はFord（1935）とは違った視点で、小売構造の変化を捉えている。それは、「国が成熟化してくると、小売業態の多様化が進む。だが、ある一定水準に達すると、一気に業態カバリングがなされ、多様な業態は少数の業態に集約されてしまう」というものだ。それはオセロゲームにおいて新たな一手を打つことで、石の黒面が目にも鮮やかに白面に変わるような現象なので、それになぞらえ筆者は「オセロ効果」と呼んでいる。典型的にはチェーンストアの誕生で発現した。このような現象は、なぜ起こるのだろうか。

国が成長し、豊かになってくると、消費者の価値観が多様化し

4 オセロ効果　213

てくる。小売市場が成熟期に達すると競合も激しくなり、小売企業は新たな差別的優位性の創出にいそしみ、この結果として個性化が進行する。これは成熟期の商品にも一般的にみられる多様化現象だが、ここからの展開がおもしろいと筆者は考えている。

というのも小売業態の多様化は、時間経過ともにその度合いを強め続けるのではなく、ある時点で止まってしまうのだ。それは、より高次元のイノベーションを開発、導入した新業態が登場するからである。この種の新業態が登場すると、多様化していた旧業態の一元的な業態カバリングが燎原の火のように広がる。それは、既存業態が持っている差別的優位性を新たな業態がより高次元で代替してくれるからに他ならない。

具体的には図8-2に示す通り、チェーンストアの登場によって専門店、よろず屋、そして通信販売までも、駆逐され、席巻されてしまった。チェーンストアは、他業態に優越する高アクセスという利便性と低価格という経済性を消費者に提供したからである。もちろん、小売業は立地型が主であり、地理的にみると多数のニッチ市場があるので、旧業態の完全消滅はないが、通信販売老舗企業のモンゴメリー・ウォードやシアーズ・ローバックがやがて実店舗に軸足を移した事実に鑑みると、チェーンストアのオセロ効果は凄まじかったことがわかる。

ところで現在、急速なECの台頭が、既存業態の差別的優位性を侵食してきている。前掲の図8-1(b)をご覧いただきたい。消費者が小売業に求める多元的なニーズは、アマゾン、楽天市場などのECによって、より高い水準で充足されてきている。そしてそのカバレッジは、一層拡大する趨勢にある。

これがECの「オセロ効果」である。実店舗で消費者が負担する「買物コスト」をみても、ECの優位性は歴然である。前章で

214　第8章　流通の未来

図8-2　オセロ効果

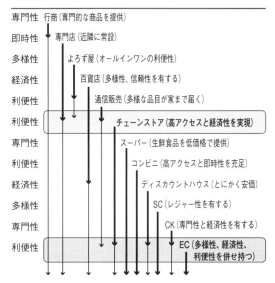

注　1）ゾーンで囲ったところが、主なオセロ効果の発現段階である。
　　2）太矢印は業態の誕生期から成熟期までを、細矢印は成熟期以降を示す。
　　3）SC：ショッピングセンター、CK：カテゴリーキラー、EC：Electronic Commerce。

述べたように、実店舗での購買には、商品コスト（商品価格）の他に、移動コスト（交通費）、時間コスト（買物拘束時間）、労働コスト（荷物運搬）、精神コスト（接客ストレス）等、さまざまな負荷が加わる。しかしながら、ECでは商品コストと配達コスト以外はほとんどかからない。それは、「実店舗を持たない小売業」だからである。そして、伝統的な通信販売ではネックだったリード・タイムや配送料の問題も、ECは大幅に改善している。

5 ECの非カバー領域

　ただし、EC単体では、パーフェクトな小売機能を果たせない。ECは決して、オールマイティな小売業態ではないのだ。

　確かに上記の通り、アマゾンをはじめとするECのオセロ効果には凄まじいものがあるが、やはりEC単体ではカバーしきれない領域、不向きな分野があるのだ。その1つの証左として、前章でも論じたように、アマゾン自体、アマゾンブックス、ホールセールマーケット、アマゾンゴーといった「実店舗」を内包してきている。企業の経営成果と消費者利益を考えた場合、前章で論じたように、バーチャルだけでは不十分で、リアルとのシームレスに一体化したオムニチャネルを構築することが重要なのである。

　そこで以下では、単体のECの主な非カバー領域について明確にしておきたい。

　①低単価商品……ECは、ネットを利用した通信販売なので、不可避的に送料がかかる[2]。それゆえ、たとえば少額の文房具のように、商品単価が送料を下回るタイプの商品はまとめ買い（売り）でない限り、ECには向かない。最終消費者は朱肉1個、消しゴム1個が必要な場合があるが、これらの商品は使用期間が結構長いので、10個、20個とまとめ買いする必要はない。このように単価が低く、使用期間が長い商品は、トータルの買物コストの内に占める送料割合が過大になっていまうため、実店舗で購入した方が合理的なのである。一般に「100均店（100円ショップ）」で売られている商品はECの非カバー領域といえる。

　②高額商品……現代は、自動車や宝飾品までECで販売される

216　第8章　流通の未来

時代になってきた。とはいえ、それはごく一部で、高額品は応答性の低い EC より、実店舗で購入されるケースが圧倒的に多い。自動車のような高額で機能的に複雑な商品や、宝飾品、美術品、高級ブランドといったイメージ性を重視する商品は「購買の失敗」が許されないので、セールススタッフとの対面による情報交換が不可欠になる。

また、高級なブティックではゴージャスな店舗の内外装とスタッフによるエレガントな応対が、消費者の矜恃を満たし、購買決定するうえでの重要な要素になる。これは、非商品のところでも触れるが、無店舗小売業である EC では得られない実店舗固有の情緒的魅力である。

③プライベート・ブランド商品……EC も多様なプライベート・ブランド（PB）を取り扱っているが、少なくとも現状ではこの種のオリジナル商品の開発・販売は向かないといえる。たとえば、アマゾンは2009年に、低価格の乾電池の PB「アマゾンベーシック」[3]を出し、その後アパレルの「アマゾンエッセンシャルズ」、サプリ類の「アマゾンエレメンツ」、そして宝飾品の「アマゾンコレクション」等といった多種類の PB を開発してきているが、「成功」といえるのは極限られた一部でしかない。

多くの消費者がアマゾンの PB を購入したがらない実態を、リサーチ企業の Marketplace Pulse が明らかにしている[4]。事実、2018年のアマゾンの全売上高は2328億8700万ドルにも上るが、PB の売上高は約10億ドルで、販売割合はわずか0.43％に過ぎない。米国小売業の PB 比率が2014年時点で18％であることを考えると、きわめて低い水準にある。

これは、(ⅰ) バーチャル空間上におびただしい数の品揃えしているため、PB が埋没している、(ⅱ) 消費者にとって一般に「商品

はそれを作る専業の有名メーカー」で作られたものの方がよく、再販売業者である小売業者の作ったものは信用できないというイメージがある、⑶リアルの小売店舗では非計画購買（衝動買い）がかなりの割合を占めるが、ECでは目的購買が大半なので、ブランド信頼感のないPBの指名買いは行われない、といった理由が考えられる。いずれにせよ、店舗がなく、「顔の見えない仮想事業者」が作ったPBを進んで購入する消費者は少ないといえよう。

　④鮮度重視商品……食品スーパーで取り扱われる生鮮食品は、消費者自身による実見性（五感確認）が購買選択上必要なので、どんな商品が送られてくるかわからないECには頼りにくい面がある。事実、アマゾンが2007年から米国で展開する生鮮食品ECの「アマゾンフレッシュ」は、さほど大きなうねりにはなっていない。日本でも、2017年4月からこのサービスを開始しているが、配送地域は、東京都の港区、千代田区、中央区など都市部に限定されている。

　また、生鮮食品はこの鮮度の問題に起因し、注文から配送までのリード・タイムがどれくらいかかるかが購買判断の重要な要素になる。食料品は購買頻度が高いので、とりわけこの時間が短い方が好ましい。アマゾンフレッシュでは、午前8時から午前0時までは、2時間ごとの配達指定が可能としているが、最短のリード・タイムは4時間となっている。さらに配送には、1回当たり500円（税込）の料金がかかる（1回の注文が6000円以上なら無料）。

　商品の鮮度を直に五感で確認でき、リード・タイムや配送料がかからないスーパーのような実店舗を単体のECが完全に凌駕するのはかなり困難といえよう。

　⑤非商品……小売店舗は、単なる「物（商品）」と「対価（お

金）」との交換の場ではない。買物施設は人的交流の場でもある。たとえば、ショッピングセンターでは、家族や恋人、友人と買物だけでなく、フードコート、カフェ、シネマコンプレックス、観覧車などの小売テナント以外の施設で楽しい時を共有することができる。

　また、高級ブティックや百貨店では、優美な店の内外装に触れることができ、ウィンドゥショッピングをしているだけで美術館にいるときのような静かな幸福感に浸らせてくれる。宝飾品売場で上品な店員が首にネックレスを当ててくれたり、靴売場で楚々とした店員が片膝をついて応対してくれたりすると、あたかも女王様になった気分に浸れる。このような体験、サービスといった非商品性は、バーチャル空間上のECでは得られない。

　伝統的な商店でも、店の店主と会話を愉しみながら団らんの時を過ごすことができたり、知らなかった商品情報を提供してもらったりすることができる。とりわけ、高齢化社会ではこのような「触れ合い」の場が大切であり、そこに伝統的商店の果たす役割の一端がある。

　以上から実店舗は、買物の場所を超えた「人的接触のあるアメニティ空間（潤いのある空間）」を構成している。これは、スマホでのタップやタブレットPCのフリックでは得られないかけがえのない実体験要素で、単体のECではほとんどカバーできない領域といえる。

6 小売業の進化シグナル

　未来の小売業はどうなるのか。本節では、進化を暗示する先進的な取り組みに関して、主に機能面に焦点を当てて明らかにしてみたい。

6.1　ラショナリティ系

　価格を引き下げる方向にはたらくベクトルである。百貨店の「大量仕入－大量販売」、通信販売の「無店舗－集中在庫」、チェーンストアの「卸売機構の内部化」、スーパーの「セルフ販売方式」などのイノベーションが開発され、その後、有力な近代業態のほとんどがこれらのモジュールを内蔵し、低価格化を実現していった。これらに匹敵する未来のシグナルには、次のようなものがある。

　①フリーミアム……標準商品の価格を無料にし、付加価値を付けたプレミアム商品を有料にすることで採算をとる方法である。オンラインゲームのようなダウンロード型のネット経由の情報財の流通で見られ、「5％ルール」によれば、5％の有料ユーザーがいれば、95％のユーザーは無料にすることができる（Anderson 2009）。

　②無料スーパー……上記のネット系情報財は、再生産、在庫、包装、配送などにほとんどコストがかからないので、フリーミアムが成り立つが、リアルの物品はこれらの負担があるので、無料化は難しかった。ところが、オーストラリアのシドニー（ケンジントン）では、2017年4月に「全商品無料」のスーパー「オズハ

220　第8章　流通の未来

ーベストマーケット」が開業した。約200 m²の売場に、生鮮食品や菓子など約2000点の商品が並べられている。このようなスーパーが成立するカラクリは、(i)賞味期限の近い商品の引き取り、(ii)運営スタッフのボランティア、(iii)店舗、光熱費の無償提供、(iv)店の入店者に寄付を募る等である。これは、Anderson（2009）が4つのフリー手法の1つとして述べた「非貨幣市場」であり、フードロスの回避とボランティア活動とが結びついた未来志向的な取り組みといえる。

6.2 スピード系

言うまでもなく商品は、消費者がニーズを感じたとき、即座に入手できることが望ましい。小売業者にとってもスピーディーな販売完了は、チャンス・ロスを回避するうえで重要である。飽くなき商品アクセスの改善が追求されてきた理由がここにある。

商品の入手スピードを高めるには、店舗の多数分散立地と、高速配送が考えられる。前者はチェーンストアや自販機によって実現されてきた。対照的に通信販売は無店舗なので、ストック地点から消費者の望む場所までの商品配送が不可欠で、そこには必ずリード・タイムと配送料がかかった。これがネックとなり、初期の通販業者の多くが淘汰された。

先にも触れたように、昨今、ECが隆盛になってきているのは、リード・タイムの大幅短縮を実現しているからである。主な進化シグナルを抽出してみよう。

①時間配送……翌日配送どころか、当日配送も一般化しつつあるが、アマゾンでは「プライムナウ」という最短1時間での商品到着をウリにする高速配送モジュールを開発している。外部の配送業者だけでなく、自前の物流網を内蔵して実現しているのだ。

6 小売業の進化シグナル　*221*

②分配送……アマゾンはさらにリード・タイムを30分に短縮する仕組みを作っている。「アマゾンフレックス」というもので、配送を業者ではなく、一般人に任せるものだ。同社と契約した個人は、空き時間のバイトとして配送業務を行う。「Uber EATS」（一般人の料理配達）や「ライドシェア」（一般人の運転サービス）の発想と同じで、シェアリングエコノミー時代の配送といえる。

③ドローン配送……ドローンを使った無人配送で、アマゾンの「プライムエアー」や楽天市場の「楽天ドローン」が有名だ。まだ実験段階だが、日本政府は「空の産業革命」として力を入れてきており、配送のスピード化と省力化を同時に実現する未来志向の配送モジュールといえる。ちなみに「プライムエアー」の専用倉庫は、地上1万4000mの空中に飛行船として常駐する計画もあるそうである。

6.3　ソリューション系

商品購買の際に消費者に負荷される手間や心理的負担を削減する方向にはたらく進化ベクトルである。これまで選択、決済、発注、受け取りなどの多面で発生してきた問題を現在、解消する諸種の取り組みが見られる。

①無人店舗……アマゾンは、2018年1月、シアトルに「アマゾンゴー」という無人コンビニを一般向けに開業している。この店舗では、AIが多数のカメラと棚センサーを管理して消費者の店内行動を補足し、退店時にアカウントから自動引き落としをする。消費者は入店時にスマホで自己のアカウントIDの認証さえすれば、好みの商品をピックアップしてウォークスルーできる。

日本でも工業用間接資材を扱う無人店舗「モノタロウAIストア」（佐賀大学本庄キャンパス内）があるが、筆者は東京・JR赤羽

駅に2018年10月、無人の POP-UP ストアができたので実体験してきた。まず、Suica をかざして入店し、清涼飲料水と菓子をピックアップして、退店ゲートで再び Suica をかざすと、ディスプレイに購入商品のリストが出てきてそれを確認すると完了である。同店も「アマゾンゴー」と同様にレジはない。

　②キャッシュレス店舗……レジに関しては以前からセルフレジ、セミセルフレジがあり、高速化、省力化が進められているが、現金至上主義の日本では遅々として進まないのがキャッシュレス化だ。海外ではキャッシュレス化が急速に普及しており、スウェーデンでは、「Swish」という国民識別番号（日本でいうマイナンバー）と銀行口座とを紐づけたシステムの普及率がなんと98％にのぼる。中国ではスマホを使った QR コード決済が浸透し、物乞いへの喜捨までこれでできる。日本でも「Pay Pay」「楽天ペイ（R Pay）」「LINE Pay」「Origami Pay」等のスマホ決済方法は存在し、ようやく普及の兆しが見え始めているが、この分野は「ネットワーク効果」[5]がはたらくので、ニーズのいかんを問わず、まず使える店舗が増えなければ定着はしない。

　③発注の簡便化……EC はスマホを用いればいつでも、どこからでも注文できる利便性がある。これをさらに簡便化したのが「ボタン発注」であり、「自動発注」だ。前者は、アマゾンが提供する「ダッシュボタン」が有名である。まず消費者は購買頻度の高い清涼飲料水や日用品の小型情報端末（ボタン）を500円で購入する。そして必要に応じてこのボタンを押すだけで注文が完了する。それゆえ、いちいちスマホやパソコンの注文画面を開く必要がない。ボタン代は、初回購入時に代金から全額差し引かれるので事実上無料である。

　さらなる発注の簡便化を実現するものが「自動発注」である。

IoT（Internet of Things）が進行すると、スマホやパソコンなどの端末を経ずに情報がつながる。これを利用すると、たとえば洗濯機の使用に応じて自動的に洗剤を届けることもできる。アマゾンはすでに、ADRS（Amazon Dash Replenishment Service）という再発注システムをプリンターや洗濯機に組み込むことで、自動発注を可能にしている。

これらの取り組みにより、消費者側は発注や購買の手間を省くことができ、企業側は消費者の囲い込みにより、リピート需要を維持することができる。

6.4　オムニ系

オムニとは、オムニバス形式を意味し、消費者に商品を届けるための多様な流通経路の融合化を意味する。前章でも論じたように、これは今後の流通システムの態様を決める重要な進化シグナルといえるので、主な現象について明らかにしたい。

①ショールーミングとウェブルーミング……EC の発展とともに、「ショールーミング」という小売店頭の「ショールーム化」が進行し、実店舗の業績が悪化した。これにより、米国では書店のボーダーズ（2011年）、スポーツ用品のスポーツ・オーソリティ（2016年）、玩具のトイザらス（2018年）などが破産申請まで追い込まれてしまった。

対照的に、「ウェブルーミング」というネットで商品を探索し、実店舗で商品を実見して購買するという逆パターンも見られるようになった。Merchant Warehouse の調査[6]では、米国では世代を問わずウェブルーミングで購買する消費者の方が多く、とりわけ68歳以上の高齢者では、ウェブルーミング消費者が62％、ショールーミング消費者が32％だった。

224　第8章　流通の未来

②クリック・アンド・モルタル……上記のようにECと実店舗は当初、マーケットを奪い合う対立軸で捉えられてきたが、現在は補完し合うものとの考え方が一般化してきている。アパレル小売ジーユーのデジタルストアでは、商品に付いたRFIDタグをカートやマジックミラーにかざすと、ECサイトの情報（在庫、顧客評価等）を表示できる。

　③クリック・アンド・コレクト……これは消費者がネット通販で注文したものを実店舗あるいは宅配ボックスなどの自宅以外の場所で受け取る形態である。前章でも触れた、コンビニで受け取れるセブン＆アイ・ホールディングスのネット通販サイト「オムニ7」が有名である。消費者はこれにより、配達時間に左右されず、自分のタイミングで商品を受け取ることができる。宅配業者も再配達の必要がなくなり、低コスト化につながる。

　④宅配ロッカー……上記の通り、クリック・アンド・コレクトの商品の有力な受け取り場所として、コンビニがある。店舗の分散性が高く、アクセスがよく、かつ営業時間が長いからだ。ただし増加する小口荷物を前に、作業面、在庫スペース面等での制約も多く、店舗での受け取りは「お荷物業務だけに、お荷物」になりつつある。そこで宅配ロッカーを設置する動きがある。アマゾンは、「アマゾンロッカー」を小売施設に設置し、消費者がＥメールで受け取ったコードを希望地のロッカーに入力することで商品を受け取れるようにしている。

流通システムの進化

　第4章で直接流通化に関して論じたが、ここであえて明確にし

ておきたい重大な真実がある。それはたとえ流通経路の短縮化が今後一層進行したとしても、「流通機能は絶対になくならない」という点だ。

　有形財の取引においては、生産者と消費者との間に地理や時間等の面で多様なギャップが存在する。それは、どんなに経済社会が発展しても残存し続ける。つまり流通の機能は絶対に不可欠なのだ。ただし、その機能を誰が担うかは別問題である。「高精度の流通品質」を「低コスト」で提供できるなら、メーカーでも、卸売業者でも、物流業者でも、アマゾンでも、誰でもよい。消費者の視点からは最も効率的、効果的に商品流通を担当できる事業者に任せるべきである。

　しかし、「高精度の流通品質」と「低コスト」は往々にしてトレードオフ関係にある。品質を重視すればコストは上昇し、コストを優先すれば品質は下がる。この困難な命題は、イノベーションによって解消されると筆者は考えている。

　以下では、不可欠な流通機能に関して、どのようなイノベーションによって品質とコストとの間のトレードオフが解消されつつあるのか、主に卸売業の進化シグナルについて明確にしてみたい。

7.1　物流機能の進化シグナル

　近年、物流には小口化、多頻度化、高速化等が求められている。コンビニの異常増殖と店内在庫の低減、EC および C2C 取引の人気化等により、小口物流の需要が膨張の一途をたどっているからだ。宅配便の個数は、2017年には42億5100万に上り、1984年時点（３億8500万）と比較すると、実に11倍近い水準である[7]。

　当然のことながら、物流の小口化がトラック配送を強く要請している。重量ベースで見た輸送機関別のシェアは、2015年時点で

トラックが84.3％を占めており、それに続く船舶（14.5%）、鉄道（1.3%）を圧倒している[8]。トラックは小回りが利き、便利だからなのだが近年、ドライバーの絶対数不足と高齢化による労働力低下が否めない。

　こんな状況を改善するかもしれない驚異の進化シグナルが見られる。アマゾンは、自律走行トラックを物流に利用しようと考えている。人間のドライバーの連続運転の限界は10時間だそうだが、無人運転ならば一切休憩をとる必要がなく、１年365日、１日24時間の連続運転も可能で、米国大陸の横断もわずか１日半ですんでしまうという。ちなみに、人間のドライバーだと、４日かかるそうだ（成毛 2018）。自律走行トラックというイノベーションによって、小口化、多頻度化、高速化、そして省力化が実現できそうである。

　物流の高速化は、消費者から強く求められており、事業者も「ラストワンマイル」の物流に注力している。小売業のスピード系進化のところでも述べたように、時間配送、分配送、ドローン配送等が取り組まれているが、これらを支える物流施設の立地に関して興味深い動向が見られる。近年、都市部近郊に物流拠点を構える事業者が増えている。通常、物流拠点といえば、郊外、臨海部、高速道路沿線等に立地する。大規模用地が確保でき、賃料負担も低いからだ。ところが昨今、あえて賃料の高い都市部に物流拠点を構える非常識ともいえる動向が見られるのである。

　ECが脚光を浴び、取扱品目を大幅に拡大しているからだ。伝統的な通販は、さほど高速化は求められなかった。それは、メインの品揃えが買回品だったからである。アパレルや生活雑貨は時間経過に伴う品質の劣化はほぼないので、リード・タイムは長くてよかった。

7　流通システムの進化　　227

ところが、今日の EC ではおびただしい数の品目が取り扱われ、その中には生鮮食品（たとえば、アマゾンフレッシュ）もあり、即時性が求められるようになった。競争相手も、業種別の専門店ではなく、スーパーやコンビニのような業態店になり、このような競争構造の変質によって EC 事業者はリード・タイム短縮化のため、物流拠点を都市部に移してきているのである。

無論、都市部の物流施設の賃料は高い。通常、賃料の損益分岐点は、坪3500円といわれているが、今では坪5000円の賃料を払っても高速配送のために都市部の物流施設に入居する事業者が増えているという（辻 2017）。

7.2 在庫機能の進化シグナル

生産と消費との間にタイムラグがある以上、消費者ニーズに応じた商品の適時適配を実現するために在庫機能は不可欠といえる。これは在庫システムと在庫設備とに大別できるので、まずは前者の進化シグナルからみていこう。

在庫には一般に多額のコストが随伴し、これをなるべく低減するために、在庫量を減らすことが当該システムの重要な課題となる。垂直的な事業者の独立性が高い場合は、自社の低コスト化のためなるべく在庫は取引相手に押し付けようとする。ただしこれでは、マクロ・ベースの在庫量は不変か増加し、低コスト化は実現できない。在庫問題を解決するには、トータルの視点で事業者間の連携が必要になる。

当該問題のパーフェクトな解決法は、商品流通を担う事業者間で完全な情報共有を軸にしたサプライチェーンを組み、高精度の需要予測に基づいたジャストインタイム物流がなされて、「無在庫」化を実現すればよいことになる。この完全体への進化の過程

228　第8章　流通の未来

で、流通在庫は減少し、在庫スペースは TC（Transfer Center）化して、在庫というものがこれまでの「ストック」から「フロー」へと変質していく。この方向への具体的な接近法としてすでに、VMI（Vendor Management Inventory）が存在するが、現状では問題点も内包しているので、これに関しては情報機能のところで別途述べることにしたい。

　次に、在庫設備面の進化シグナルを明らかにしたい。商品を格納しておく倉庫はただのストックヤードではなく、自動化や温度管理等がなされ、省力化や鮮度保持を実現してきている。これの1つの進化形の実例が、HAVI サプライチェーン・ソリューションズ・ジャパンの大型自動倉庫である。同社は2016年7月から神戸市に延床面積3万2640 m^2、1万以上のパレットを擁する巨大物流センターを稼働させている。主に外食チェーン向けの食材を扱うため、ドライ、チルド、フローズンといった商品ジャンルごとに温度帯管理がなされている。加えて、自動補充機能付きピッキングシステムの設置により、約4割の人件費の削減が可能になった。

　在庫の集約化、それを可能にする大型倉庫は低コスト化を後押しする。ECでは、実店舗が分散的に抱える店内在庫が存在しないので、集中在庫のメリットを得ることができる。このメリットを享受する方法として、「共同化」もあるだろう。三愛ロジスティクスは、2015年7月から「共同物流センター」を稼働し、カメラ量販店、写真映像用品の商社、ネット通販会社の在庫管理・配送を手がけている。シャトルラック（自動棚）やピースソーター（仕分け機）を共同利用することで、生産性は従来比で20%上昇し、保管スペースは13%の削減を可能にした。

7　流通システムの進化　　**229**

7.3 取引機能の進化シグナル

言うまでもなく商品の生産者と消費者は異なり、ここに所有権のギャップが存在する。流通業者は生産者と消費者をマッチングするため、出会いの場として市場、実店舗、EC 等を設けてきた。ただし、需給接合の場所がリアル施設の場合、商圏や品揃えの壁が立ち塞がり、事業者の大きな販売成果や消費者の十分な商品満足は得られなかった。

アマゾン（B2C）やメルカリ（C2C）のような EC 事業者はネット上に構築したプラットフォームという形態で、これらの壁を突破し、おびただしいほど多様な品目との出会いの場を作り上げている。

アマゾンの商品種は全世界ベースで約30億（2018年１月時点）、米国５億6400万、日本２億6000万という桁外れの水準である[9]。多彩な商品の中には、「対ハンドガン用防弾シールド」や「戒名」まであり、「範囲の経済性」を極限まで追求する姿勢が見て取れる。

また、所有権の移転をスムーズに進めるうえで、価格の設定はきわめて重要な要素になる。モノにもよるが、一般的には低価格が買手獲得のために必要になる。成毛（2018）によると、アマゾンは「どこよりも安く」を実現するため、サイト内競争に取り組んでいるという。同社のマーケットプレイスに出品している事業者からヒット商品が出ると、ほぼ自動的に直販も始めるというのだ。つまり、同一サイト内で出品者とアマゾンが価格競争を始めるというのである。徹底した低価格化のためには、「身内もライバル」という競争環境の設定は、１つの進化シグナルといえよう。

7.4 分類取揃え機能の進化シグナル

　生産者の「少品種大量生産」と消費者の「多品種少量消費」とのギャップを埋めるのが、流通業者の「分類取揃え機能」である。当該機能を有効に果たすために必要なものが「マテリアル・ハンドリング（仕分け）」だ。集荷した商品を整理し、ニーズに応じてピッキングを行い、それらをまとめて出荷のプロセスに回す。これらの業務は現在、ロボットの導入により自動化が進み、大幅な省力化が実現している。

　東邦薬品株式会社の物流センター「TBC 埼玉」（2013年12月稼働開始）は、ロボット化の追求により、自動化、小口化、高精度化を実現してきている。同センターでは、約３万品目を在庫しているが、ケースレベルのピッキングは100％自動化し、大きさや重量の異なる商品もピースレベルで65％の自動化を成し遂げている。これら先進的なロボットの有効活用により、同規模の他センターと比較し、50％の省力化と出荷精度99.99999（セブンナイン）という高品質を達成した。

　また、EC の成長により、物流センター内での「小口化」対応が強く要請されている。これを解決するのもロボットである。第６章５節でも触れたように、アマゾンの倉庫（たとえば川崎 FC）では、「KIVA」と呼ばれる移動ロボットがピッキングエリアまで棚を自動で運んできてくれる。優れものなのは、必要商品を格納している棚をセンサーで自律的に検知し、センター内の最短ルートを通ってピッキングエリアまで移動する点だ。棚の方が人に近づいてきてくれるため、人は移動の必要がなく、疲労せずに迅速な処理が可能になる。

　今後、需要サイドの「小口化」「高速化」のニーズと供給サイドの「省力化」「効率化」を同時に実現するために、「ロボット

7　流通システムの進化　*231*

化」は不可欠になっていくだろう。

7.5 情報機能の進化シグナル

　生産者と消費者との間には、かなり大きな情報面のギャップがある。生産者は誰が自社の商品を望んでいるのか知らないし、消費者はどの生産者が自己のニーズに最適な商品を提供しているのかわからない。そこで、このギャップを流通業者が市場把握と情報提供によって埋めることになる。

　市場把握は、生産者もマーケティング・リサーチによってカバーすることができるが、実際に小売店頭で直接消費者に接し、購買反応や販売データを把握している小売業者に比べれば、その精度は劣る。

　また、流通過程を形成する各企業の独立性が高く、情報面での共有性が低いと、「ブルウィップ効果」[10]がはたらきやすくなり、生産者は川下の需要変動の影響を増幅的に受けることになる。結果として過剰在庫や機会損失のリスクを背負ってしまうことになるのだ。これは多分に情報システム面での「閉鎖性」に起因している。

　インダストリー4.0という発想が、2011年にドイツで提唱された。これは事業者の「閉鎖性」を取り払い、サプライチェーン全体で情報共有を図ることによって、全体最適（効率性、効果性）を実現していこうという思想と筆者は解釈している。

　未来はインダストリー4.0の時代になるだろう。モノの動向や状態をセンサーで捉え、モノとモノとがインターネットでつながり（IoT）、リアルタイムのビッグデータの動向に基づいて、多様なビジネスシーンにおいて効率化と価値創造が可能になる。

　しかし現状はまだ、各事業者の「閉鎖性」が存在しているのと

232　第8章　流通の未来

IoT、AI、ロボット、センサー技術、そして標準化が発展途上にあるので、上記のような全体最適のシステムはできあがっていない。実例としては、ウォルマートのVMI（在庫自動補充システム）が目立つだけである。同社は、POSデータや在庫データを川上事業者と共有し、販売・在庫動向に応じて納品させている。

ただし、業種限定的、企業限定的な感は否めず、「部分最適」でしかない。全体最適を阻むネックは、情報共有（情報開示）と標準化であろう。いくらロボット、AI、センサー等の技術面の高度化がなされても、企業間の情報共有、標準化がなされなければ、全体最適は実現できない。ここに、これからの流通システムの進化の方向や速度を決定づける鍵が潜んでいるといえる。

8 結 語

幼少の頃、父の郷里で実際に「よろず屋」を体験し、その後、専門店、百貨店、チェーンストア、スーパー、ディスカウントストア、コンビニ、ショッピングセンター等の消長を歴史の生き証人として観察してきた筆者には、最先端の現代流通は「驚き」でしかない。しかし今後は、さらなる質的変貌を加速度的に遂げていくことだろう。

未来の流通は消費者のカスタマイズニーズの充足に向け、一層スマートに進化を遂げていくと思われる。変革の透視図を頭に描きながら、今後の進化の動態をみつめていきたいと思う。

■ 注
1）これは Ford（1935）が発見した法則だが、当人は「フォード効

果」とは命名しておらず、後にそう呼ばれるようになった。

2）アマゾンではプライム会員向けに送料無料としている商品もあるが、たとえば米国の場合は年会費が99ドル、日本の場合は4900円かかっているのでタダとはいえない。

3）「アマゾンベーシック」は2019年6月現在、乾電池だけではなく、家庭用品や電子機器等を含んでいる。

4）この調査は、"Amazon Private Label Brands," Marketplace Pulse, 2019（https://www.marketplacepulse.com/amazon-private-label-brands）を参照した。

5）これは、たとえば電話機のように利用拠点が増えれば、通信網全体の利用価値が高まることを意味する。

6）この調査結果は、Janet Stilson "Study Shows Prevalence of Consumer 'Webrooming'," ADWEEK, May 9, 2014（https://www.adweek.com/brand-marketing/study-shows-prevalence-consumer-webrooming-157576/）を参照した。

7）この数値は、国土交通省「平成28年度　宅配便取扱実績関係資料」（http://www.mlit.go.jp/common/001252227.pdf）を参照した。

8）本調査（国土交通省『第10回　2015年調査　物流センサス──全国貨物純流動調査の結果概要』〔http://www.mlit.go.jp/common/001184113.pdf〕）は5年ごとに公表されるので、2019年時点でこの数値が最新である。

9）これらの数値は、"How Many Products Does Amazon Sell Worldwide-January 2018," Scrape Hero（https://www.scrapehero.com/how-manyproducts-amazon-sell-worldwide-january-2018/）を参照した。

10）最終消費者のわずかな需要の振れ幅が、川上の事業者ほど大きな影響を与える現象。

参考文献一覧

網野善彦（1992）「中世の交通」児玉幸多編『日本交通史』吉川弘文館。

石井寛治（2003）『日本流通史』有斐閣。

江尻弘（1979）『流通論』中央経済社。

木村資生（1986）『分子進化の中立説』向井輝美・日下部真一訳、紀伊國屋書店。

佐藤肇（1974）『日本の流通機構』有斐閣。

佐藤宏之（2013）「日本列島の成立と狩猟採集の社会」大津透・桜井英治・藤井讓治・吉田裕・李成市編『岩波講座 日本歴史 第1巻 原始・古代1』岩波書店。

鈴木敏文（2008）『挑戦 我がロマン』日本経済新聞出版社。

田名網宏（1992）「古代の交通」児玉幸多編『日本交通史』吉川弘文館。

田中博（2015）『生命進化のシステムバイオロジー──進化システム生物学入門』日本評論社。

田村正紀（1986）『日本型流通システム』千倉書房。

田村正紀（2001）『流通原理』千倉書房。

田村正紀（2008）『業態の盛衰──現代流通の激流』千倉書房。

辻俊昭（2017）「Logistics View」『DAIFUKU NEWS』pp.7-10。

徳永豊（1992）『アメリカの流通業の歴史に学ぶ（第2版）』中央経済社。

永原慶二（1980）『日本経済史』岩波書店。

成毛誠（2018）『amazon 世界最先端の戦略がわかる』ダイヤモンド社。

西嶋定生（1981）『中国古代の社会と経済』東京大学出版会。

野口智雄（1987）『現代小売流通の諸側面──小売現象の解明』千倉書房。

野口智雄（1992）「日本の流通システムと小売価格の関係」『マーケティング・ジャーナル』46、pp.15-23。

野口智雄（1994）『ビジュアル マーケティングの基本（初版）』日本経済新聞社。

野口智雄（1995）『価格破壊時代のPB戦略──「低価格・高品質」の秘密を探る』日本経済新聞社。

野口智雄（1996）『I型流通革命』講談社。

野口智雄（1999）『流通メガ・バトル──グローバル時代の小売経営戦略』日本経済新聞社。

野口智雄（2002）『ウォルマートは日本の流通をこう変える』ビジネス社。

野口智雄（2004）『店舗戦略ハンドブック』PHP研究所。

野口智雄（2012）『ビジュアル マーケティング戦略』日本経済新聞出版社。

野口智雄（2013）「職場の心理学 ローソンの『あきこちゃん』 フォロワー1500万人の秘密」『プレジデント』51（34）、pp.142-144。

野口智雄（2017）『ビジュアルマーケティングの基本（第4版）』日本経済新聞出版社。

林周二（1962）『流通革命——製品・経路および消費者』中央公論社。

林周二（1964）『流通革命新論』中公新書。

藤田昌久（1997）「空間経済学入門」週刊ダイヤモンド編集部・ダイヤモンドハーバードビジネス編集部編『複雑系の経済学』ダイヤモンド社。

光澤滋朗（1990）『マーケティング論の源流』千倉書房。

美馬佑造（2003）『入門日本商業史』晃洋書房。

山中章（2005）「市と文字」平川南・沖森卓也・栄原永遠男・山中章編『文字と古代日本3　流通と文字』吉川弘文館。

Alderson, Wroe（1957）*Marketing Behavior and ExecutiveAction: A Functionalist Approach to Marketing Theory*, Irwin.

Anderson, Chris（2006）*The Long Tail*, Hyperion.（篠森ゆりこ訳『ロングテール——「売れない商品」を宝の山に替える新戦略（アップデート版）』ハヤカワ新書、2009年）

Anderson, Chris（2009）*FREE: The Future of Radical Price*, Hyperion.（小林弘人監訳『フリー——〈無料〉からお金を生みだす新戦略』NHK出版、2009年）

Artle, Roland and Sture Berglund（1959）"A Note on Manufacturersʟ Choice of Distribution Channels," *Management Science*, 5（4）, pp.460-471.

Aspinwall, Leo V.（1962）"The Characteristics of Goods Theory," in Lazer, William and Eugene J. Kelly（eds.）, *Managerial Marketing: Perspectives and Viewpoints*, Irwin, pp.633-644.

Atherton, Lewis E.（1971）*Frontier Merchant in Mid America*, University of Missouri Press.

Beckman, Theodore N.（1958）"The Value Added Conceptas Applied to Marketing and Its Implications," reprinted in Alfred L. Seelye（ed.）*Marketing Transition*, Harper and Brothers.

Braudel, Fernand and Siân Reynold（1992）*The Wheels of Commerce: Civilization and Capitalism, 15th to 18th Century*, University of California Press.

Brown, Stephen（1987）"An Integrated Approach to Retail Change: The Multi-Polarisation Model," *Service Industries Journal*, 6, pp.153-164.

Brynjolfsson, Erick, Yu Hu and Duncan Simester（2011）"Goodbye Pareto Principle, Hello Long Tail: The Effect of Search Costs on the Concentration of Product Sales," *Management Science*, 57（8）, pp.1373-1386.

Bucklin, Louis P.（1966）*Theory of Distribution Channel Structure, University of California*.（田村正紀訳『流通経路構造論』千倉書房、1977年）

Burns, Kathryn, Helene Enright, Julie F. Hayes, Kathleen McLaughlin and

Christiana Shi（1997）"The Art and Science of Retail Renewal," *McKinsey Quarterly*, 2, pp.100-113.

Casson, Mark and John S. Lee（2011）"The Origin and Development of Markets: A Business History Perspective," *Business History Review*, 85（Spring）, pp.31-32.

Chamoux, Francois（1981）*La civilisation hellénistique*, Arthaud.（桐村泰次訳『ヘレニズム文明』論創社、2011年）

Coleman, Peter（2006）*Shopping Environments: Evolution, Planning and Design*, Architectural Press.

Converse, Paul D.（1957）"Twenty-Five Years of Wholesaling: A Revolution in Food Wholesaling," *Journal of Marketing*, 22（1）, pp.40-53.

Copeland, Melvin T.（1923）"Relation of Consumer's Buying Habit to Marketing Methods," *Harvard Business Review*, 1（2）, pp.282-289.

Cox, Nancy C. and Karin Dannehl（2007）*Perceptions of Retailing in Early Modern England*, Ashgate.

Davidson, William R., Albert D. Bates and Stephen J. Bass（1976）"The Retail Life Cycle," *Harvard Business Review*, 54, pp.89-96.

Douglas, Edna（1975）*Economics of Marketing*, Harpercollins.

Dressman, Anton C. R.（1968）"Pattern of Evolution to Retailing," *Journal of Retailing*, 44, pp.74-81.

Drucker, Peter F.（1962）"The Economy's Dark Continent," *Fortune*, 72（April）, pp.265-270.（田島義博訳「経済の暗黒大陸」『中央公論』77（9）、pp.114-123、1962年）

Elberse, Antia（2008）"Should You Invest in the Long Tail?" *Harvard Business Review*, 86（7-8）, pp.87-96.

Elberse, Anita and Felix Oberholzer-Gee（2007）"Superstars and Underdogs: An Examination of the Long Tail Phenomenon in Video Sales," MSI Reports: Working Paper Series, 4（Featured in HBS Working Knowledge）, pp.49-72.

Fleder, Daniel and Kartik Hosanagar（2009）"Blockbuster Culture's Next Rise or Fall: The Impact of Recommender Systems on Sales Diversity," *Management Science*, 55（5）, pp.697-712.

Ford, Percy（1935）"Excessive Competition in the Retail Trades: Changes in the Numbers of Shops, 1901-1931," *Economic Journal*, 45（179）, pp.501-508.

Forrester, Jay W.（1959）"Advertising: A Problems in Industrial Dynamics," *Harvard Business Review*, 37, pp.100-110.

Gist, Ronald R.（1968）*Retailing: Concept and Decisions*, John Wiley & Sons.

Gladwell, Malcolm（2000）*The Tipping Point: How Little Things Can Make a Big Difference*, Little Brown.（高橋啓訳『急に売れ始めるにはワケがある──ネットワーク理論が明らかにする口コミの法則』ソフトバンククリエ

イティブ、2007年）

Hall, Margaret（1948）*Distributive Trading: An Economic Analysis*, Hutchinson's University Library.

Hilferding, Rudolf（1923）*Das Finanzkapital*, Dietz Verlag.（岡崎次郎訳『金融資本論中』岩波文庫、1955年）

Hinz, Oliver, Jochen Eckert and Bernd Skiera（2011）"Drivers of Long Tail Phenomenon: An Empirical Analysis," *Journal of Management Information Systems*, 27（4）, pp.43-69.

Hoch, Stephen J. and Shumeet Banerji（1993）"When Do Private Labels Succeed?" *Sloan Management Review*, 34（4）, pp.57-67.

Hollander, Stanley C.（1966）"Notes on the Retail Accordion," *Journal of Retailing*, 42（2）, pp.29-40.

Iyengar, Sheena（2010）*The Art of Choosing*, Twelve.（櫻井祐子訳『選択の科学――コロンビア大学ビジネススクール特別講義』文春文庫、2014年）

Jones, Brian D. G. and Eric H. Shaw（2006）"A History of Marketing Thought," Barton A. Weitz and Robin Wensley（eds）*Handbook of Marketing*, Sage. p.41.

Keller, Kristpher O., Marnik G. Dekimpe and Inge Geyskens（2016）"Let Your Banner Wave? Antecedents and Performance Implications of Retailers' Private-Label Branding," *Journal of Marketing*, 80（4）, pp.1-19.

Kirzner, Israel M.（1973）*Competition and Enterpreneurship*, University of Chicago Press.（田島義博監訳『競争と企業家精神ベンチャーの経済理論』千倉書房、1985年）

Lindstrom, Martin（2008）*Buyology: Truth and Lies about Why We Buy*, Doubleday.

McNair, Malcolm P.（1958）"Significant Trends and Developments ln the Post-War Periods," in Albert B. Smith（ed.）, *Competitive Distribution in α Free High-Level EConomy and Its Implications for the University*, University of Pittsburgh Press, pp.1-22.

Mill, John Stuart（1909）*Principles of Political Economy with some of their Applications to Social Philosophy*, Green and Co.

Nielsen, Ovla（1966）"Developments in Retailing," Max Kjaer-Hansen（ed.）, *Readings in Danish Theory of Marketing*, North Holland, pp.101-115.

Paquet, Laura Byrne（2003）*The Urge to Splurge: A Social History of Shopping*, ECW Press.

Sagan, Lynn（1967）"On the Origin of Mitosing Cells," *Journal of Theoretical Biology*,14（3）, pp 225-274.

Shaw, Arch W.（1915）*Some Problems in Market Distribution*, Harvard University Press.（伊藤康雄・水野裕正訳『市場配給の若干の問題点』文眞堂、1975年）

Stern, Louis W. and Adel I. El-Ansary（1977）*Marketing Channels*, Prentice-Hall.

Stigler, George J.（1951）"The Division of Labor is limited by the Extent of the Market," *Journal of Political Economy*, 59（3）, pp.185-193.

The Economist（1988）"The Year of Brand: They Have Names Too," *The Economist*, 24th Dec. pp.98-99.

Tompson, Derek（2018）"The Amazon-ification of Whole Foods," *The Atlantic*.（https://www.theatlantic.com/business/archive/2018/02/whole-foods-two-hour-delivery-amazon/552821/）

Underhill, Paco（1999）*The Science of Shopping*, Simon & Schuster.

Van Valen, Leigh（1973）"A New Evolutionary Law," *Evolutionary Theory*, 1, pp.1-30.

Vance, James E. Jr.（1970）*The Merchant's World*, Prentice-Hall.（国松久弥訳『商業・卸売業の立地』大明堂、1973年）

索 引

■ アルファベット

C-D-E 理論　99
CK　→カテゴリーキラー
CPFR　79
CVS　→コンビニエンスストア
DH　→ディスカウントハウス
DS　→ディスカウントストア
EC　154, 166, 173
　──の競争優位性　174
EDLP　79, 84, 85
GMS　→総合スーパー
IoT　224
NB　→ナショナル・ブランド
O2O　196
PB　→プライベート・ブランド
SC　→ショッピングセンター
SCM　84
SKU　175
SPA　91
W/R 比率　76
W/W 比率　75

■ あ 行

赤の女王効果　144
アコーディオン理論　137, 148
アスピンウォール（Aspinwall, Leo V.）
　50
アマゾン　154, 167
　──の実店舗展開　201
アンダーソン（Anderson, Chris）
　184, 220
イオン　87
意思決定の不安定性　143
市場（いちば）　106
入れ子構造的進化　153, 159
入れ子構造モデル　155

インダストリー4.0　232
ウェブルーミング　195, 224
ウォルマート　78
江尻弘　59
延　期　56
大口少頻度購買　69
オセロ効果　213, 214
オムニ7　197, 225
オムニチャネル　154, 169, 197, 216
　EC 主体の──　200
　実店舗主体の──　197
オルダースン（Alderson, Wroe）
　20, 52
卸　売　105
卸売業　83
卸売業者　30
卸売市場　89
卸多段分裂　31
卸分裂　30

■ か 行

外資小売脅威論　87
開放的チャネル政策　51
買回品　50
買物コスト　179, 214
カオスの縁　143
過剰選択肢の問題　187
カテゴリーキラー（CK）　120, 162
カニバライゼーション　97
下方二階建てシステム　200
カルフール　79
川上からの浸潤　34
川下からの浸潤　35
環境圧　134
危険負担機能　21
既存モジュールの質的付加　158,
　163, 166, 167

既存モジュールの量的付加　157,
　167
機能移譲　55
機能的代替可能性　57
規模の経済性　60
キャッシュレス店舗　223
業種店　107
行　商　106
業態盛衰モデル　171
業態店　107
業態評価ポテンシャル曲線　141
業態ミックス　213
技量的分業　27, 31
クリック・アンド・コレクト　198,
　225
クリック・アンド・モルタル　225
クリティカル・マス　22, 41
グロス・マージン　50
経済の暗黒大陸説　2
交換促進の分業　29
交渉コスト　52
購買頻度　50
小　売　105
小売機能相違（論）　145, 148
小売業者　29
小売差別化度　211
小売の輪　134, 148
小売分裂　27, 29
小売ライフサイクル論　131
五感確認　190
小口多頻度購買　70
コストコ　81
5％ルール　220
コーペラティブ・チェーン　146
コンビニエンスストア（CVS）　116
コンビニ行商　163

■ さ　行

在庫機能　18
　──の共同化　229
最低価格保証　80
細胞分裂説　26

サービス調節　50
サービス・マーチャンダイザー　48
時間配送　221
自己組織化　139, 171
市場外流通　89
自然選択　130, 143, 144
実店舗小売の競争優位性　190
自動発注　223
主要業態の変遷モデル　149
ショー（Show, Arch W.）　21, 33,
　38
情緒的価値　193
商　人　29
消費時間　50
少品種大量販売　20
商物分離　30, 47
情報機能　16, 20
上方二階建てシステム　197
ショッピングセンター　121
ショールーミング　194, 224
新規モジュールの創造　158, 168
新業態　130
新業態分岐　131
新業態臨界モデル　141
地理的真空地帯　145
真空地帯論　138
浸潤減少　34
信用機能　21
推奨システム　188
スクランブルド・マーチャンダイジン
　グ　116, 160
鈴木敏文　98
スティグラー（Stigler, George J.）
　55
スーパーマーケット　114
生産・小売一体者　105
生産・消費一体者　27
生産分裂　27
セブン-イレブン　118, 165
セブンゴールド　100
セブンプレミアム　95, 100
セルフサービス　115

賤商観　8
専門大店　→カテゴリーキラー
専門品　50
相違説　69
総合スーパー（GMS）　116, 159
倉庫店舗　82
属性差別化　147

■ た　行

大規模小売店舗法　44
大量一括購入　19
ダイレクト・マーケティング　35
多極化モデル　141
ダークストア　202
宅配ロッカー　225
ダブル・アコーディオン・サイクル　151
田村正紀　12, 67, 171
探索コスト　52
探索時間　50
チェーン・オペレーション　35
チェーンストア　112
遅行説　68
チャネル創造　7
チャネル論　12
仲継的分業　32
直接流通　73
地理的分業　27, 31
通信販売　110
ディスカウントストア（DS）　120
ディスカウントハウス（DH）　119
ティッピング・ポイント　147
テスコ　83
デッドストック　21
テナント・リーシング　121
店舗属性ミックス　171
トイザらス　85
投　機　56
突然変異　143
トップバリュ　94, 104
ドラッカー（Drucker, Peter F.）　2
取揃え　52

取引コスト　52
取引総数最少化の原理　53
取引流通機能　16, 17
トレーディング・アップ　135
ドローン配送　222
問　屋　30, 31
問屋無用論　10, 26, 32, 37

■ な　行

仲　買　31
ナショナル・ブランド（NB）　91
日本型流通　68
ニールセン（Nielsen, Ovla）　138
野口式アコーディオン・サイクル　139
ノン・スキップ説　61

■ は　行

配　分　52
バックリン（Bucklin, Louis P.）　56, 57
林周二　40, 48, 66
範囲の経済性　184, 230
非貨幣市場　221
備　蓄　52
百貨店　109, 159
百貨店法　43
表現型　131
フォード効果　213
不確実性プールの原理　57
物的流通機能　15, 18
プライベート・ブランド（PB）　90
　　——商品　217
　　SPA型——　91
　　専門型——　92
　　単一価格型——　92
　　量販型——　91
ブラウン（Brown, Stephen）　141
フリーミアム　220
ブルウィップ効果　232
分業の利益　59
分配送　222

242

文房具カフェ　　163
分類整理　　52
分類取揃え機能　　7, 16, 19, 51, 231
閉鎖的チャネル政策　　51
弁証法的進化論　　132
返品制　　21
ホランダー（Hollander, Rudolf）
　137, 148
ホール（Hall, Margaret）　　53, 57

■ ま　行

マタイ効果　　188
マックネア（McNair, Malcolm P.）
　134, 148
マテリアル・ハンドリング　　231
無商圏状態　　184
無人店舗　　222
無店舗小売業　　106, 112
無料スーパー　　220
最寄品　　50
モラトリアム性　　8

■ や・ら・わ行

有害業態　　144
ゆらぎ分岐　　133
よろず屋　　108, 109
螺旋型進化モデル　　139
ラックジョバー　　45
立地変更　　148
リバース・オークション　　177
流通革命論　　10, 26, 39, 190
流通研究のアプローチ法　　13
流通の機能　　17
流通の長さ　　63, 65
　――の価値中立性　　66
　――の規定因　　64
流通の役割　　16
流通物価責任論　　4
流通論　　12
ロングテール　　176, 184
ワンストップショッピング　　115,
　160

■ 著者紹介

野口 智雄（のぐち・ともお）

早稲田大学社会科学総合学術院教授

1956年、東京都に生まれる。

1984年、一橋大学大学院博士後期課程単位修得。その後、横浜市立大学助教授を経て、92年に早稲田大学助教授。93年から現職。2006年3月から08年3月まで、客員研究員としてスタンフォード大学経済学部で小売業およびマーケティングの研究を行う。1988年、『現代小売流通の諸側面』（千倉書房）で日本商業学会賞を受賞。

主な著書に、『ビジュアル マーケティングの基本（第4版）』（日本経済新聞出版社）、『ビジュアル マーケティング戦略』（日本経済新聞出版社）、『新価格論』（時事通信社）、『価格破壊時代のPB戦略』（日本経済新聞社）、『一冊でわかる！ マーケティング』（PHP研究所）、『流通メガ・バトル』（日本経済新聞社）、『I型流通革命』（講談社）、『ウォルマートは日本の流通をこう変える』（ビジネス社）、『FREE経済が日本を変える』（KADOKAWA）、『水平思考で市場をつくるマトリックス・マーケティング』（日本経済新聞出版社）、『なぜ企業はマーケティング戦略を誤るのか』（PHP研究所）などがある。出演・監修ビデオに『よくわかるマーケティング（全3巻、日経ビデオ）』（日本経済新聞出版社）がある。

入門・現代流通論

2019年9月5日　第1版第1刷発行

著　者　野口智雄
発行所　株式会社日本評論社
　　　　〒170-8474　東京都豊島区南大塚3-12-4
　　　　電話　03-3987-8621（販売）　03-3987-8595（編集）
　　　　https://www.nippyo.co.jp/　　振替　00100-3-16
印刷所　精文堂印刷株式会社
製本所　井上製本所
装　幀　図工ファイブ

検印省略 ©Tomoo Noguchi 2019　落丁・乱丁本はお取替えいたします。
Printed in Japan　　ISBN978-4-535-55951-6

JCOPY 〈(社) 出版者著作権管理機構　委託出版物〉

本書の無断複写は著作権法上での例外を除き禁じられています。複写される場合は、そのつど事前に、(社) 出版者著作権管理機構（電話 03-5244-5088、FAX 03-5244-5089、e-mail: info@jcopy.or.jp）の許諾を得てください。また、本書を代行業者等の第三者に依頼してスキャニング等の行為によりデジタル化することは、個人の家庭内の利用であっても、一切認められておりません。